U0855834

ZI RAN ZHANG CHENG

如何培养独立、有主见、心智成熟的孩子

自然长成

王芳　著

中国妇女出版社

图书在版编目（CIP）数据

自然长成 / 王芳著. --北京：中国妇女出版社，2019.3
ISBN 978-7-5127-1403-8

Ⅰ.①自… Ⅱ.①王… Ⅲ.①家庭教育 Ⅳ.①G78

中国版本图书馆CIP数据核字（2018）第266838号

自然长成

作　　者：王芳　著
责任编辑：应莹　邢亚丽
封面设计：尚世视觉
责任印制：王卫东
出版发行：中国妇女出版社
地　　址：北京市东城区史家胡同甲24号　　邮政编码：100010
电　　话：（010）65133160（发行部）　　65133161（邮购）
网　　址：www.womenbooks.cn
法律顾问：北京市道可特律师事务所
经　　销：各地新华书店
印　　刷：北京中科印刷有限公司
开　　本：165×235　1/16
印　　张：15
字　　数：190千字
版　　次：2019年3月第1版
印　　次：2019年3月第1次
书　　号：ISBN 978-7-5127-1403-8
定　　价：49.80元

序

只道是平常

一

还记得几年前，在老家那间小小的厨房里，“何处去修行”这句话突然就冒出来，且挥之不去。

是因为人到中年吗?

现在，每次回老家看望父母，总是花很多时间在厨房。买菜、烧饭、收拾、整理。偶尔参加老同学的聚会，也是来去匆匆，因为要回家给父母做饭。

其实，每次回老家，不过是短短的几天。大多数的时间，都是父母亲自料理家务。他们都已年逾古稀。三个孩子自高中毕业后，全部离开家乡，有的还漂洋过海。父母已经习惯了自己照顾自己。

前些年回老家时，父母亲的身体还很硬朗，家务活是不让我们插手的。回老家是吃喝玩乐，享受假期。没意识到父母会变老，会变得行动迟缓，会生病。直到母亲的一场手术，自己才突然间警醒。在母亲生病住院的日子里，经历了情感的大悲大痛。似乎直到那时，才终于意识到需要我来照顾父母亲了。

儿女要开始负责了，父母变成了孩子。他们盼着我回家，正像我小时候盼着父母回家一样。

生命是一场这样的轮回吗？

于是尽可能地多回家。即使只有几天的假期，不顾路途遥远，舟车劳顿。

回家，打扫卫生，买菜烧饭，收拾换季的衣服。陪父母出去逛街，走亲戚，见他们年轻时的好友，去他们年轻时工作过的地方，寻找我们出生时的那间小屋，听他们讲述在此发生的种种故事。或者，只是和父母坐在一起，听他们絮絮叨叨。

名利，悲欢，世间红尘滚滚而去。我只是在他们身边，感受父母因儿女在身边的幸福。自己的心情是如此纯净、安宁。

然后在我专心致志洗碗时，突然间顿悟——

原来，大爱就在这一饭一羹中。每日的洒扫就是修行。

人到中年，终于平和。

过平常的日子，每天都好。

二

育儿又何尝不是一场生命的修行。

起初，内心惶恐，不得要领，茫然向外寻求。学习形形色色的理论，听命于各种专家意见。

经历无数挫败、担忧、惊喜之后，才发现为人父母的金钥匙，原来是在自己的手中。在自己的每一段言行，每一个举止。

也才顿悟，为人父母，不过是给孩子好好做饭，陪孩子好好说话，做普通的人，过平常的生活。能过上大多数人的生活，便是最幸福的生活。

大爱也是在一饭一羹中。每日的态度就是修行。

可是，知易行难。

曾耿耿于怀多年前女儿的断言："我的妈妈是个脾气暴躁的女人！"

朋友轻描淡写地安慰："不算啥。我女儿作文第一句写的是，我的妈妈一半是天使，一半是魔鬼。然后全文充斥着妈妈是魔鬼的事例。"

究竟是怎样的一种魔幻体验，硬生生地将我们这些受过高等教育的知性女子，化作了孩子心目中的狰狞形象？

与每日成长的孩子相伴，果真是一场难度极高的人生修炼！

我用尽了全力，也只不过是养育了一个平凡的孩子。

三

如同每个家长多么渴望孩子能够出类拔萃一样，哈佛女孩、耶鲁小子等故事，也曾令我激情澎湃。当越来越多的证据表明，我的孩子只是一个普通小孩时，心中的失落感，就像那颗隐藏在牙床暗处的智齿，不时地疼痛一下。

去看医生。他说："没有办法，只有慢慢等它长，长出头了，才能帮你拔掉。"我的智齿长了十几年，终于在某个忍无可忍的时候，通过手术拔除了。

可是，那种理想与现实之间难言的失落感，似乎是很难根除的。

假期去波士顿看女儿，参观了无数名校。从哈佛、麻省理工开始，一路西行，徜徉在韦尔斯利学院、曼荷莲学院、史密斯学院、阿姆赫斯特学院、威廉姆斯学院……心中对名校的渴望，又开始升腾了。

女儿说："幸亏我已经上大学了，否则叫我情何以堪？"猪队友促狭地回答："你妈妈是在提前帮外孙选学校呢！"

对名校的热爱，对孩子成功的渴望，似乎已深入家长的骨髓了。

这不是罪过。其实，这也正是为人父母的梦想所在，是每个家庭生存发展的愿景。

而我们终将回归常识，接受大多数孩子的平凡。

这本书，是关于一个平常家庭的育儿素描。不是说教，顶多算劝解。

如果你的孩子是一个普通小孩，你的家庭是一个平常家庭，你也如我一般，最终能接受孩子的平凡，那么，在我描述的这些日常的育儿情境里，或许能找到一些共鸣，会心一笑，甚至获得些许启发。

许多年前，在一个平常的日子里，一个平凡的小小婴儿，来到我的身边，胎毛还未褪尽，粉嫩柔软。如今，已是明眸皓齿，长发及腰，整装待发，时刻准备行走天涯。

孩子啊，你终究长成了自己想要的模样。

上幼儿园时，你曾那么不舍地抱着我的大腿，一遍又一遍地重复说："妈妈，我会想你的。"

现在，每次在机场送你，我在心里也一遍又一遍地默念："孩子，我会想你的。"

生命就是一场这样的轮回。

岁月终将为人父母所经历过的酸甜苦辣酿成一杯美酒。

谢谢你，孩子。

王芳

2018年春

于上海

【目录】

壹

常识

贰

谦卑

叁

静候

肆

引领

伍

别处

壹

常 识

有关家庭教育的

知识，

观点，

视野，

以及思维模式

平 凡

大多数人如沧海一粟，极其普通。

可是大多数家长不愿意接受孩子的平凡。

在日常咨询中发现，许多家庭教育的失败，源于父母的期望过高。由于父母的期望值与孩子的发展能力不匹配，导致父母与孩子共同焦虑，教育效果愈发下降。

因此，在《家庭教育的智慧》课堂中，我提出，父母要管理好自己的期望值。尤其是，不要期待孩子超越自身能力的常规发展。

家长们都频频点头，表示认同。

可是，要是我接着问："那么，你希望孩子的学习成绩在班上处于什么位置呢？"100%的家长都会表示，希望孩子至少保持中等以上的学习水平。

而现实是，总有一半学生处于中位数以下。

也就是说，至少有50%的家长，已经提出了一个不符合现实的期待。至于这份期待，是否与孩子的发展水平相适应，似乎又被忽视了。

所以当家长设定期望值的时候，一定要回归常识。

二

可是，常识往往不被接受。要让一半的家长承认，自己的孩子也许就在那中位数以下，不是一件容易的事情。当然，我所指的中位数，只是针对学校的学习成绩而言。

大多数人如沧海一粟，极其普通。可是大多数家长不愿意接受孩子的平凡。

家长得有多么淡定，才能接受孩子中位数以下的现实。

很坦白地说，如果孩子在学校成绩掉到中等以下，我的小心脏也受不了。

尤其是，当孩子面临中考。而你刚刚明白，所谓“98%以上的中等学生，都会进入高一级学校就读，其中普职比例相当”，这句话的真实意思是：每年大约只有一半的学生会进入普通高中就读，还有一半学生将要进入职业高中。

作为一名孩子成绩在中等以下的家长，我们的内心其实是崩溃的。

所以，为了争取那一半的机会，我们必须从娃娃抓起。

进各种辅导班，确保孩子学习水平处于中等以上。说到底，是我们的教育资源稀缺，个体缺乏自由选择的权利，因此机构不得不使用考试这个筛选工具。就像使用筛选苹果的机器，不符合尺寸的，统统漏下去。

也许，漏下去的苹果中，有一些尺寸虽然不够大，但有可能分外地甜。

可是，目前来看，我们还没有甜度这个指标。

教育资源与学生发展尚不匹配，要让家长不去焦虑，只谈设定合理的教育期望值，真心有些虚。

三

可是，为人父母，一定可以做点儿什么，来降低学校教育资源与孩子发展不匹配所带来的负面影响。

看到越来越多的低龄学童选择国际学校或者出走海外，你就知道，那是由于很多家长相信别处的教育，不只有尺寸大小这一标准。它们选择苹果，还讲究口感，甚至颜色。总之，它们不会只拿一把尺子，衡量如此多样化的人类。

对于必须要经筛选机过一遭的苹果，果农们怎么办？

我喜欢喋喋不休地说，顺其自然。

对于这个回答，我知道至少有一半的家长不喜欢。因为他们正努力将孩子从中位数以下，拉扯到中等以上水平。

可是，理性地说，孩子身上至少有50%的先天发展因素，家长是无法改变的。这些先天因素，不仅包括智商，还包括孩子所传承的个性等非智力因素。

家长必须认识到后天教育的局限性。

不信，审视一下自己，就知道要改变一个人的本性有多难。

所以，重要的是了解孩子的本来面目，然后辅以合适的方法，能做到不去埋没孩子的才干，已经是极大的成功了。

家长要做的，是接受大多数人都很平凡这一基本常识。首先是要接受孩子的本来面貌，然后回归教育常识，回归平常心，既不要阻碍孩子发展，也不要拔苗助长，接受孩子的平凡。

家长心态好了，孩子倒有可能步步追上来。

常 识

克服种种的育儿焦虑，需要回归教育常识。

一

如果家长能回归常识，尊重常识，很多家庭教育中的焦虑，其实可以迎刃而解。因为，关于儿童发展的一个基本常识是，大多数孩子的智力水平没有很大的差别，大家都在某一水平线上下浮动。

有家长向我诉说，自己的孩子是如何难养，从来不好好吃饭……孩子果然体型瘦小。仔细观察父母，也是同样的体型。便反问道："你自己的胃口如何，小时候是不是也这样？"家长点头称是，还不忘加一句："所以，要让他多吃呀，不要像我这样。"

生活中，像这样一定要与常识对抗，明知不可为而为之的家长，又何止在吃饭这一点上。

你看有那么多的家长，宁愿将孩子交给父母和保姆带，也不愿亲力亲为，不是在违背常识吗？

孩子连话还不会说，就被送去教育培训机构，要培养所谓的表达能力、逻辑思维能力、领导能力。之所以这样做，是因为家长相信，培训机构更了解自己的孩子，更呵护自己的孩子。这符合常理吗？

当下，很多家长的教育选择，已经被外在的社会压力裹挟，离教育常识太远了。

二

让我们来回顾一下我所认同的家庭教育中最基本的四个常识。

首先，孩子的成长与发展，是先天因素与后天教育共同作用的结果。所以，家长对孩子既不要无所作为，也不要相信教育可以改变一切。

其次，父母在孩子发展中的作用是没人可以替代的。所以，不要把孩子交给老人、保姆或是教育培训机构。对孩子而言，重要的不是他学了多少知识，而是谁在陪伴他成长。

再次，身教胜于言教。因此家庭教育的重点在于，以家长的自我完善，带动孩子的发展。当家长把希望寄托在孩子身上时，不仅对孩子造成巨大压力，家长也失去了自我发展的机会。而其最大的损失，则是孩子失去了一个最好的榜样。

最后，每个孩子都是独特的，在智力、情感以及心理发展等诸方面都有其特点。所以，不要迷信别人的家庭教育方法，也不要拿自己的孩子和人家比。所谓成功的家庭教育是不可以复制的。

这四点做到了，你的孩子不一定能成龙成凤，可是，却一定可以成为最好的他自己。就像里约奥运会“火”了一把的傅园慧，即使没有金牌，也能赢得千百万人的喜爱和尊重。

因为，她尽力了，并且不断超越自己。

三

前面说过，父母育儿焦虑往往源于父母的期望过高。究其原因，其本质在于父母拒斥“孩子的成长与发展，是先天因素与后天教育共同作用的结果”这一基本教育常识。

当下，在孩子教育中无所作为的家长大大减少，注重家庭教育的家长大大增加，这是我们家庭教育的进步。以我的观察，在这一进步的趋势下，越来越多的家长转而开始相信，教育的力量似乎是无穷的。而常识是什么呢？

脑科学研究发现，到3岁时，人类大脑的发育已经完成了70%～80%，到7岁时，儿童的脑重量就和成人相差无几。美国心理学家布鲁姆（Bloom）曾对近千名儿童做过从出生一直到成年的追踪研究，结果表明，5岁前是智力发展最为迅速的时期，如果把17岁的智力水平看作100%，那么孩子在4岁前就已经获得了50%的智力，其余的30%是在4～7岁获得的，剩余的20%则在7～17岁获得。

可是，不仅各方圣贤已经说过“知识就是力量”，就每日观察到的社会现实而言，也是“万般皆下品，唯有读书高”。学历高低成为衡量人才的主要标准。在我们读书的那个年代，高中生读本科的概率不超过10%。到我女儿这一代，在有些重点高中，上大学的概率几乎接近100%。

你以为家长的焦虑会伴随着升学率的提升而降低？没有。你去看看北上广的落户积分政策，博士学位积分高居榜首。除了学历，还要区分出学校等次——985、211以及一般院校，即使学历相同，积分却仍有高下。

家长的追逐已从考上大学，转向追逐名校和热门专业，而且追逐的范围，已不限于国内，正在走向全世界。

而我以为，“竞争无休，焦虑不止”的表象下，涌动着的是家长因拒斥教育常识引发的日益膨胀的期望值。

四

为了帮助家长厘清焦虑的源头，我经常会让家长写下他们对孩子的期待。

首先，我让他们写出当下阶段对孩子的期待。

然后，夫妻一起回忆过去，写下孩子未出生时心中的期待，以及对孩子上幼儿园，上小学，上中学，上大学，甚至以后工作的期待……

最后，让家长写下的是，当你行将就木时对孩子的期待。

很容易看到，随着孩子年龄的增长，家长的期待在不断增多。从出生时的身体健康，到幼儿园时的聪明伶俐，再到上学时的名列前茅，工作时的高薪收入，期望值在层层加码。

一直写到最后，家长才意识到，其实只要孩子健康快乐，我们就可以放心而去。

是的，家长最终的期待，不过就是孩子出生时心中那小小的愿望能够实现。

是什么使家长的期望值日益膨胀？很多家长谈到了社会环境、竞争压力。我认为外部因素能起作用的主要原因在于家长对教育常识没有敬畏之心，以为教育无所不能，以为家长在教育中无所不能，以为自己无所不能。君不见，多少家长为了能陪孩子做作业，可是一直在培训班跟读的。

亲爱的家长，虽然说一分耕耘有一分收获，可是，你也该知道，种下去豆子，是不会变成瓜的。这就是常识。

我知道这样说，很伤一些家长的自尊。可是，我还是要说，当家长准备好在孩子身上勾画美好蓝图时，千万瞧清楚，咱们抓到手上的，到底是一张什么牌。你的孩子真的能承担起你这么多期望吗？万一，大自然造化弄人，孩子甚至没有你聪明伶俐呢?

我知道，有些家长又要困惑了。这样说，是嫌我们对孩子的教育干预过多吗?

又错了，我只是提醒家长，育儿中应敬畏常识，怀有一颗平常心。

敬畏

敬畏常识，回归平常生活。

一

既然孩子的发展是先天因素与后天教育共同作用的结果，家长进行多少的干预才是正确的?

很难说干预多少才是正确的。有些孩子自己发展得很好，特别自律，根本不需要干预。有些孩子自控能力差一点儿，需要干预的力度就要大一点儿。

我发现，大多数来咨询的家长，都期待我给他们的孩子做一些干预。而其实，家长的干预是最有效的。

自从女儿求学离家，家里变成空巢，我已经婉拒了几个朋友要把孩子托管在我家的意愿。他们认为，我既懂理论，又有实践，教育孩子成果斐然，不接受他们的孩子，明显是资源闲置。

我只能告诉他们，不是不愿意帮忙，而是这样做有违我的教育理念。我坚信父母在孩子发展中的作用是没人可以替代的。尤其是，父亲的角色缺失将会带来诸多问题。

暑假正是放榜季。碰到很多高中同学，都在谈论孩子们的高考。成绩好的几个孩子，父亲的工作相对比较安稳清闲，陪伴孩子时间比较多。相反地，一些特别能干且身居要职的同学，孩子发展很好的反而稀疏。大家总结下来，能干的同学因为工作忙，很少有时间和孩子在一起，沟通也不畅，所以孩子就会出现这样或那样的问题。

我深以为然。平常咨询中也经常碰到这样的家长，个个人中龙凤，忙于事业，却把陪伴孩子的机会拱手让给祖辈、保姆、培训机构。理由倒也冠冕堂皇，说是为了孩子有更好的生活、学习条件等。待意识到与孩子的沟通出现问题时，一般是到了孩子的青春期，再来弥补，困难重重，悔之已晚。是的，未成年的孩子每一步发展都是关键期，父母岂容错过。

我一般会不厌其烦地讲些名人的故事来给他们警醒。英国前首相卡梅伦和副首相克莱格两人因为都想送孩子去上学，甚至推迟了每天内阁例会的开始时间。我想，大多数爸爸妈妈们应该不会比他们更忙。所以，关键在于家长是否真的重视孩子的发展，是否珍惜自己的家长职责，并在每日的生活中付诸行动。

其实，我不认为家长需要额外付出很多金钱上各种辅导班。孩子想要的，只不过是“正常的家庭生活”。他醒来的时候，能看到的是家长的笑脸，还有一桌丰盛的早餐。晚上家里有亲人陪他吃晚饭，陪他聊聊学校生活，以及八卦一下同学趣事。

这个要求高吗？我不得不说，孩子这一最基本的生存发展需求，在多少家庭成了奢侈品。我们有许许多多的孩子，过着不正常的家庭生活。是的，我们还有数千万的农村留守儿童。即使在经济发达如北上广城市，也有比例不低的孩子一个星期见不到爸爸一次。

若是我们真能敬畏父母陪伴这一重要常识，那么，无论你多忙，你的职位有多高，你的事业有多伟大，你会选择陪孩子过平常人的生活。顺便说一句，国内的研究发现，在家吃早饭的小学生比不在家吃的，学科平均成绩高出

5～8分。

还不信？去问问那些家有“牛娃”的家长，什么是好的家庭教育。无他，不过是尽可能地和孩子在一起，过平常人的生活。

二

看到这里，我知道有些家长已经在心中窃喜了。是的，我们很重视家长陪伴，我们家是妈妈专门辞职照顾孩子。

先别忙着高兴。请对照我所列的第三个常识，“身教胜于言教”，就会对全职妈妈这个工作有所警惕。因为不少全职妈妈基本上把孩子当成生活的重心，而过度关注也会对孩子发展造成巨大压力。

我曾有两年的自由时间，主要是在家写论文，很少出门。我的这种生活状态，让女儿很不习惯。她先是不解：“你为什么不去上班？”再是担心：“你是不是找不到工作？”然后是不满：“你整天在家盯着我，烦不烦？”

是的，当我从职场回归家庭后，由于社会生活面狭窄，所有的聪明才智都不由自主用到了孩子身上。我会关注到她书桌收拾得不整齐，刘海儿遮住额头不清爽，也开始有时间仔细看她的考试卷子……少不了的，各种建议、评判以及批评接踵而至。

我开始把家庭当作新职场，以过来人的经验和“为她好”的名义，指点她这样、那样……一步步地入侵她的私人空间。

全职母亲极有可能成为“直升机妈妈”（Helicopter Mom）。这个名字是美国知名儿科医生威廉·西尔斯给那些对孩子的一举一动太过在意，像直升机一样整天盘旋在孩子头顶的妈妈取的名字。这类妈妈时刻扮演着消防员的角色，一旦发现隐患，马上现身排除险情。她们像直升机一样无时无刻不在监管孩子，尽管孩子已经长大，仍然替他们做决定，不给予适当的自由；有些则是过度保护，随时守候在子女身边，帮他们解决问题。

从小自由自在长大的女儿，哪受得了这等束缚。她的话一针见血：“妈妈，你看看自己现在的样子，标准的家庭主妇。我将来可不要像你这样。”

是的，全职家长可能在陪伴上具有优势，但最大的损失，则是孩子失去了一个好的榜样。国内外的各种研究都证明，身教胜于言教。父母的榜样力量对孩子发展的影响十分强大。

通过树立父母的榜样作用，在家庭教育中可以起到事半功倍的效果。

同样的原理，家长的焦虑会让孩子焦虑，甚至在孩子身上起到放大作用，也是因为“榜样的力量”是无穷的。所以，在决定做全职父母之前，需要好好权衡一下得失。

家庭教育没有多深奥，父母工作认真，待人和气，对孩子保持一颗平常心，多陪伴孩子，能让孩子过上正常的家庭生活，家庭教育业已成功大半。

俗话说，平常的日子就是好日子，这里面其实也蕴含着家庭教育的大智慧。

上面所说的几个家庭教育常识，主要关涉家长对家庭教育的认识，家长若能敬畏常识，在行动与态度层面有所改变，回归正常的家庭教育状态并不困难。

孩子的独特性

家长啊，请接受每个孩子的独特性。

在我接触的家庭教育案例中，比较有挑战的是，如何认识“每个孩子是独特的”这一常识。不得不说，这可是个技术活，需要家长不断精进，才能逐步掌握成为优秀家长的玄机。

先讲事例。好友住在美国，要了二宝，怀胎十月，正在给老大过生日时，忽然肚子有了动静，赶往医院后，医生和护士都让她一定要“屏”住，给老二一个不一样的日子。最后她还是没有“屏”住，在23点43分时生下老二，令美国医生极为遗憾。

而在中国，若两个孩子是同一天生日，是多么令人高兴的事。这也折射出了中国家长一个普遍的心理预期：孩子们应该都是一样的喔。

反映在日常的家庭教育中，就是家长坚信孩子是可以比较的：我的孩子为什么不能和邻居家的一样好呢？研究也发现，将自己的孩子与别人相比，高居“令孩子们最反感的家长行为调查”榜首。

可见，“每个孩子具有独特性”，可以说这是当下家长们最不愿意接受的教育常识。

二

怎样认识孩子的独特性？很多家长对独特性的理解，一般局限在孩子的个性特征上。事实上，单就智力发展方面而言，虽然人的智商是按照正态曲线分布，但即使孩子的智力水平差不多，发展方向也可能是截然不同的。

从对智力研究的历史看，智力最初被解释为以语言能力和数理逻辑能力为核心的一种整合的能力，如智商理论，这就是智力的“单因素说”。随着人们对智力认识的不断深入，心理学家提出了智力是由不同因素构成的，是多元的“多因素说”。

美国心理学家加德纳（Gardner）提出多元智能理论（Multiple Intelligence）。他认为，每个人都或多或少具有七种智力：

1.语言智力，即有效地运用语词的能力；

2.逻辑—数学智力，即有效地运用数字和合理推理的能力；

3.人际智力，即快速地领会并评价他人的心境、意图、动机和情感的能力；

4.自知智力，即了解自己从而做出适应性行动的能力；

5.音乐智力，即音乐知觉、辨别和判断音乐、转换音乐形式以及音乐表达的能力；

6.身体—运动智力，即运用全身表达思想和感情的能力，其中包括运用手敏捷地创造或者转换事物的能力；

7.空间智力，即准确地知觉视觉空间世界的能力。

后来，加德纳添加了一种自然主义智力，这是一种能够对自然世界的事物进行理解、联系、分类和解释的能力。最近，加德纳又增加了一种存在主义智力，它涉及对自我、人类的本质等一些终极问题的探讨和思考，所以在他的理论中目前共有九种智力形式。

三

可惜的是，这些在学界比较普及的问题，似乎并不为家长所知。曾碰到一位商界大佬，不断地向我诉说着她学校生活的不幸，因为那时学习不好，是老师眼里的问题儿童。但是现在在商界做得十分成功，而当时学习好的人现在发展很一般。

我说，只是因为你的智力发展方向与其他人不同而已。所以既不能说学习不好是因为那时你笨，也不能说那些成绩好的人不会做生意是因为现在比不上你。每个人各有特长而已。

大佬听完我介绍的多元智力理论，恍然大悟。

如果家长们能掌握这方面的知识，相信对孩子独特性的认识也会有所增强。也就不会简单地将两个孩子进行单项比较。要知道，比较给孩子带来的压力与焦虑，有时可能是致命的。而以我的观察，很多即使各方面都很优秀的家长，也难逃比较的误区。

也是真实案例。一位计算机博士妈妈，有两个孩子。老大从小到大一贯优秀，上的是常青藤名校。老二一开始上学，却发现跟不上学校正常班级课程。妈妈从未有处理此类问题的经验，几近崩溃。

一位管理学教授，女儿聪颖万分，三年级已经精读了古今中外名著，学校课程对她而言味同嚼蜡，因此去学校上课成为孩子的一大负担，妈妈也是焦虑万分，因为她对孩子要求不高，只希望孩子能像同龄人那样简单快乐。

我看到的父母们焦虑的根本，是心理的那个“排斥独特性”在起作用。

所以，当怯怯的孩子又拿着一张不及格的卷子来请你签字时，请先不要怒发冲冠。

请记得他的独特性。

请记得他对你的唯一性。

请记得你纵有三头六臂，许多常识却无法改变。

父亲陪伴

为什么父亲在家庭教育中不可替代?

说到父亲在家庭中的角色和职责，人们一般都会马上想到“撑起一个家”“赚钱养家”等。这些固然是作为一个男人组成家庭以后的重要责任。近来人们也越来越多地关注到父亲在子女成长过程中的教育影响行为。

教育不只是妈妈的事，父亲应介入家庭教育。教育专家提出“父职”的概念，将“父职”定义为：父亲在家庭中对子女道德纪律的管教与性别角色的模范。在国外，许多研究从父亲的投入、可接近性和责任三个角度来细化父亲在家庭教育中的责任和行为。

我国是一个在这方面非常特殊的国家。一方面，我国历代出现过多位家庭教育的典范父亲，譬如颜之推、曾国藩、梁启超、傅雷等，他们的家庭教育专著《颜氏家训》《曾文正公家书》《梁启超家书》《傅雷家书》等，在海内外影响甚广。另一方面，我国一般家庭中一直比较轻视父亲在日常教育中的职能和作用。父亲在家庭教育中的角色不明、责任不清、力度不强，而其归根到底还是在父亲的家庭职能和角色的理念上存在问题，“男主外，女主内”的传统思想依然起着重要的影响作用。

父亲在家庭教育中的作用应该越来越得到重视。因为，从儿童发展与教育的角度看，父母双方在家庭教育中的作用都是不可或缺的。他们的心理发育需要来自父爱和母爱的共同信任和关注。而且在儿童不同的发展阶段，父母的关注、教育介入的作用分别具有不可替代性。

父母对孩子的影响是不尽相同的。母亲一般偏重于给孩子细致入微的生活上的体贴与关心，而父亲则更多的是给孩子性格上的影响和处世态度的建构。母亲通过全身心的呵护让孩子感受到稳定与安心，而父亲则是通过游戏让孩子学会身体的协调，并获得与人沟通的乐趣，让孩子在认知上有一个飞跃。特别是父亲在与孩子的互动过程中给予孩子的安全感、责任感、对大事情的决断性和应变能力，都是孩子健全人格形成中的必备元素。

由于父亲在家庭教育中的缺位，对孩子的发展会造成无法弥补的损失，比如泰勒（Towler）的研究结果就显示，父亲对子女领导风格的作用更大。而社会学家彼得卡尔认为，如果男孩子80%的时间和母亲在一起，长大以后将不知道怎样做男人，会变得无助，越来越像个长不大的孩子。

近年来研究表明，父婴交往与母婴交往有不同的特点，且具有母婴交往不可替代的特殊作用。

首先，在交往内容上，父亲更多地与婴儿游戏，而母亲更多的是在照顾婴儿。科坦尔丘克（1976）研究发现，父亲与婴儿在一起的大部分时间花在游戏上（占所有与婴儿在一起时间的37.5%），而母亲花在与婴儿游戏上的时间只占其与婴儿在一起时间的25.8%。理查慈（1977）等经长期追踪研究指出，游戏是父亲与婴儿在一起时的最经常的活动，90%以上的父亲都经常性地与孩子玩耍。

其次，在交往的方式上，父亲更多地通过身体运动的方式，而母亲更多通过言语交谈和身体接触。格林鲍姆和兰道（Greenbaum & Landau）于1982年进行了一项横向比较研究，结果发现，不管在哪一年龄段，母亲在言语交往上都大大超过父亲，不管他们来自哪一阶层。而在以身体活动方式交往上，父亲则明显占优势，父亲倾向于用身体活动的方式来与婴儿交往，比如，把婴儿举得很高、来回悠等。墨森和凯根等（1990）也发现，母亲更经常利用言语与婴儿交往，一般给婴儿更多的身体接触，而父亲则更经常通过身体运动与婴儿相互作用。

第三，在游戏性质上，父婴之间更多的是身体性的游戏，带有刺激性，而不像母亲，更多的是言语、教导性的或带有玩具的游戏。尤格曼（Yogman，1980，1983）的大量研究表明，在母亲与2周到6个月婴儿玩的游戏中，引发和保持视觉注意的视觉游戏是最通常的游戏，占母亲与婴儿游戏的31%；而对父亲来说，这种游戏只占19%。父亲与婴儿最通常的游戏是触觉的、肢体运动的游戏，占父亲与婴儿游戏的70%，而这类游戏只占母婴游戏的4%。

父亲与婴儿的肢体运动游戏总是与刺激婴儿、提高婴儿的兴奋性密切相连，逗得婴儿“咯咯”大笑；相反，母亲虽然有时也与婴儿玩身体运动的游戏，但通常是进行传统、较安静的动作游戏，如“摇啊摇”，或“藏猫猫”等。鲍尔、帕克等（1986）分析指出，父亲比母亲更倾向于玩动作幅度大的、不使用玩具的身体游戏；如果玩玩具游戏，他们一般玩不太好，当不能把婴儿注意力吸引在玩具游戏上时，他们常常转向不带玩具的身体游戏。而母亲正相反，更经常和喜欢玩玩具游戏，在游戏过程中，能很好地吸引婴儿的注意力，如果婴儿对游戏失去兴趣，母亲会继续玩另一个玩具游戏，而不是像父亲似的转向身体游戏。

三

父亲对于儿童社会、认知、情感和行为的发展都具有重要的影响。

首先，父亲是儿童积极个性品质形成的重要源泉。父亲通常具有独立、自信、自主、坚毅、勇敢、果断、坚强、敢于冒险、勇于克服困难、富有进取心、富有合作精神、热情、大方、宽厚等个性特征，儿童在与父亲的不断交往、相互作用中，一方面接受影响并且不知不觉地学习、模仿；另一方面，父亲也自觉、不自觉地要求孩子具有以上特征，尤其对男孩子要求更是严格。所以说，儿童与父亲的交往，对儿童良好个性品质的全面养成具有非常重要、不可缺乏的作用。

其次，父亲也是儿童社交需要满足、社交技能提高的重要源泉。父亲与儿童的游戏有助于促进儿童的社会交往，比如，提高其同伴接受性和社交地位。凡是父亲积极参与儿童游戏、交往，并且使儿童在游戏中反应积极、活跃的，儿童在同伴中也较受欢迎。这是因为，一方面父亲影响了儿童的交往态度，使儿童更加喜欢交往，在交往中更加积极、主动，自信、活跃；另一方面，因为父亲在与儿童交往游戏中，更多以平行、平等的形式交往，采取积极、鼓励的态度，而较少自上而下地教导，给儿童更多的操纵、掌握交往过程的机会，这无疑有助于儿童学会更多的社交技能，特别是如何注意、识别、正确地理解他人的情感、社会信号，学会运用、调整自己的行为反应，并且以此影响他人的行为。这对儿童学会在交往的过程中注意交往双方的情绪、行为反应，并相互影响，具有特别重要的价值。

再次，父亲是儿童性别角色正常发展的重要源泉。父亲积极参与儿童交往，有助于儿童对男性和女性的作用与态度有一个积极、适当而灵活的理解。

而如果没有父亲，男孩的男性特征和女孩的女性特征都会受到削弱（Biller，1981；Clarke-Stewart，1980；Campos，1983）。有研究表明，男孩在4岁前失去父亲，会使他们缺乏攻击性，在性别角色的测验中倾向于女性化的表现——他们喜欢非身体性的、非竞赛性的活动，如看书、看电视、听故事、猜谜语等。不仅男孩，女孩的性别角色发展也受到父亲的影响。根据海思琳顿（Hetherington，1972）的研究报告，女孩若是在5岁前就失去父亲，在青春期与男性交往时往往表现得焦虑、不确定、羞怯或者无所适从。因为她们缺乏一个稳定、可靠、有力的男性榜样。

最后，父亲是儿童认知发展的重要源泉。由于父亲性格、能力等的独特特点，特别是父亲与儿童在交往上的独特性，使儿童从母亲处和从父亲处得到的认知上的收获是不完全相同的。从父亲那儿，儿童可以学到更丰富、广阔的知识，更广泛地认识自然、社会，并通过操作、探索变换多样的游戏活动，逐步培养起动手操作能力、探索精神。与父亲的互动，刺激、丰富了儿童的想象力，培养了儿童的动脑和创造意识，并发展了儿童旺盛的求知欲和好奇心。这些无疑对儿童的认知发展都是十分重要的。

运动与智力

为什么调皮的孩子聪明?

一

智力发展是家庭早期教育的中心问题。儿童智力发展的内容很多，主要分为生理发展和神经系统发展。

儿童的生理发展，即生物因素的发展，指的是个体的生理结构、机能的变化。主要包括身体各器官的结构与机能、机体系统的结构与机能的生长发育、成熟、退化等变化，以及人的体质强弱变化等个体生理方面的发展变化。个体的生理发展过程是一种内发过程，即个体按照自身预定的程序和节奏，自然成长、成熟的过程。

神经系统发展分为中枢神经系统发展和周围神经系统发展两大部分。中枢神经系统包括脑和脊髓；周围神经系统包括脑神经、脊神经和自主神经。中枢神经通过周围神经与人体其他各个器官、系统发生极其广泛复杂的联系。神经系统在维持机体内环境稳定，保持机体完整统一性，及其与外环境的协调平衡中起着主导作用。人体各器官、系统的功能，都是直接或间接处于神经系统的调节控制之下，神经系统是起主导作用的调节系统。

脑科学研究发现，从出生到3岁，人的大脑发育完成70%～80%；到7岁时，儿童脑重量就与成人相差无几。但是，决定人的智力因素的，并不仅是脑的重量，而且还在于脑细胞之间的突触连接。突触连接决定人的大脑如何处理新的信息，为以后的学习生活、应对挑战、社会交往和情感发展奠定基础。

出生时，儿童脑细胞之间的突触数量只有成人的1/10。随着早期体验和经验的增加，儿童脑内的突触连接会不断增加；到2～3岁时突触连接比出生时增加约20倍。3岁时突触的连接是成人的2倍。这就意味着此时儿童大脑的代谢率最高，学习能力和智能发展远远超过成人。

美国心理学家布鲁姆曾对近千名儿童，做过从出生到成年的追踪研究，发现5岁前为智力发展最为迅速的时期，如果把17岁的智力水平看作100%，那么孩子在4岁前就已经获得了50%的智力，其余的30%是在4～7岁间获得的、20%则在7～17岁间获得。因此学龄前是开发智力的黄金时期。

所以，儿童的生理和神经系统是否得到健康发育发展，是后续家庭教育得以维持、开展的基础条件。随着人们对智力认识的不断深入，专家们对智力的理解主要包括两方面：逻辑思维、推理、问题解决能力、记忆能力等；适应环境的能力和获得知识的能力。学者最近还提出“情绪智力”的概念，他们把“情绪智力”定义为社交智力的一个分支，用来监测自己和他人的情感，利用这些信息，来指导一个人的思维和行动的能力。对智力的测量结果称为智商。

二

儿童心理学家皮亚杰的发生认识论主要研究人类认识的起源，包括认知、智力、思维、心理的发生和结构。它本质上是从生物学出发的，认为心理、认识是人对现实的一种适应。

所谓适应，包括同化和顺应两个方面。

	同化	顺应
主体	把客体纳入主体已有的行动图式之中，也就是对刺激输入的过滤或改变。	改变其已有的行动图式或形成新的行动图式以适应客观世界的变化。
行动	丰富和加强主体的行动，使其行动图式起量的变化。	保证行动的灵活性和有效性，使行动图式起质的变化。

图式指行动的组织或结构，是行动中可以通过不断重复而得到迁移或概括的东西，例如用棍子去推动一个客体。

儿童的智力行为依赖于同化和顺应两种功能，从最初不稳定的平衡过渡到逐渐稳定的平衡。

按照“发生认识论”原理，人的认知起源于运动。皮亚杰将人的思维发展分为四阶段，每阶段具有不同的特征。

感知运动阶段（从出生到两岁左右），这时儿童能运用某种原初的格局来对待外部客体，能开始协调感知和动作间的活动。但其感知运动的智力还没有运演性质，因为儿童的活动还没有内化。

前运演阶段（两岁左右到六七岁左右），这时儿童开始以符号作为中介，来描述外部世界。儿童认识的发展仍有对感知运动经验的依赖性，但大部分是依赖表象的心理活动。

具体运演阶段（六七岁到十一二岁左右）。在这个阶段，儿童能进行具体运演，也就是，能在同具体事物相联系的情况下，进行逻辑运演。这时儿童的思维已具有了可逆性和守恒，而守恒是这个阶段的一个主要标志。

形式运演阶段（十一二岁左右到十四五岁左右）。在这个阶段，思维能力已超出事物的具体内容或感知的事物。

在最新的一些研究中，比如波兰尼的默会认识论，表明认识的获得必须依赖身体的行为，动作具有认知的含义。心理学上的具身认知表达的也是同一个意思，即身体动作对智力发展具有不可替代的作用。这似乎也印证了中国的一些俗语：调皮的孩子聪明，更“心灵手巧”。

学龄前处于皮亚杰所说的前两个阶段。这两个阶段是婴幼儿的思维能力初步发展的时期。在这一时期，婴幼儿主要依靠感觉与动作认识周围的世界，并逐渐认知到自己与他人、自己与物体的不同。婴幼儿思维的发展主要来自对感知运动经验的依赖性。

孩子感知活动被剥夺有可能引发感统失调症。感觉统和是指大脑从身体各器官传来的感觉信息，进行多次的组织分析处理，做出正确决策，使整个机体和谐有效地运作。大脑的不同部位必须经过统一协调的工作，才能完成人类高级、复杂的认识活动，包括注意力、自我控制能力、概括和理解能力。当大脑对感觉信息的综合发生问题时，就会使机体不能有效运作，称为感觉统和失调。

从感知觉的发展来看，新生儿会逐渐掌握视听协调能力，能分辨语言刺激与其他声音刺激，到4～5个月时，可以有意识地完成手眼协调的动作。逐渐地，经验在婴幼儿知觉过程中的作用不断增大，词汇在幼儿感觉和知觉发展中的作用日益增强，知觉的目的性也会逐渐加强。

注意能力的发展使婴儿能够较长时间地集中注意于某一物，专心地玩一个玩具，留心注意周围人们的言行。同时，幼儿的注意也开始能服从于成人提出的活动任务，有意注意开始萌芽。由于言语的发展，儿童开始能做到使自己的行为服从成人的要求。当然，这时有意注意的稳定性较差，易受外界因素的干扰而分散、转移；其集中注意力的时间往往只有几分钟，所以，家长不要轻易认为孩子得了“多动症”。

幼儿的重现能力也开始发展，最初能重现的只限于几天内感知的事物，3岁时可以保持到几周以后还能重现。婴幼儿初期各种分析器的结构与机能已发展到了一定的成熟程度。在思维发展上，儿童会逐步克服直觉行动思维，并初步发展到具体形象思维。4～6岁的儿童还会开始出现一种探究心理，只要是新鲜的东西，都会引起他们的注意。

学龄前期的儿童，由于活动的复杂化及第二信号系统的发展，记忆的范围进一步扩大。这个时期的儿童不但能记住一些直接的经验，而且还能记住一些间接的经验。学龄前期的记忆带有很大的无意性；到了后阶段，有意记忆逐步发展起来。

4～6岁儿童的想象力总体而言是贫乏的、简单的，缺乏明确的目的，以无意想象为主，有意想象和创造想象正在逐步发展，但不占主导地位。儿童想象的主题多变，容易从一个主题转到另一个主题，有时候不能把想象的事物跟现实的事物清楚地区分开来，因此也常被成人误认为“说谎”。儿童此时的想象具有特殊的夸大性，以想象为满足，常常并不指向于某一预定的目的，而是以想象过程本身为满足，富有幻想的性质。

四

因为动作和认知的发展关系特别密切，家长应特别注意抓住动作发展关键期，适当加以干预。

家长可以用动作提升婴幼儿的认知能力。皮亚杰认为，人的知识来源于动作，动作是感知的源泉和思维的基础。所以，婴幼儿主要通过抓取、摆弄物体等动作获得有关物体的知识，从而认识物体。

家长可以适时引导肢体动作。从婴幼儿时期开始，对孩子进行视觉、听觉、触觉刺激，可以促进大脑的发育。家长应准备适合这个年龄儿童玩耍的玩具，促进其认知水平和手部肌肉活动能力的发展。鼓励、支持、满足儿童肢体动作的需要，引导儿童体验满足的喜悦。

比如，爬行可以促进婴幼儿全身肌肉与大脑的协调发展。爬行能锻炼婴幼儿的触觉、听觉、视觉等感觉器官，有助于其方位感和距离感的建立，同时满足婴幼儿用自己的手脚去接触、探索世界的内在需求。所以家长应随时、充分地利用日常生活中的真实现象，挖掘其内含的教育价值，让儿童在爬行、观察、听闻、触摸等过程中获得各种感官活动的经验，丰富婴幼儿的感性知识，刺激孩子早期大脑发育，促进孩子的认知发展。

家长应满足孩子探索的愿望。家长应鼓励孩子尝试，使其在尝试中累积经验，体验因果关系，了解身边的事物。家长应带领孩子关心周围事物及现象，多开展户外活动，以开阔孩子的眼界，丰富孩子的感性知识。要改变传统的灌输、说教方式，以开放互动的方式让孩子在玩中学、在操作中探索。

比如，家长应为孩子提供抓握、把玩、涂鸦、拆卸等活动的设施、工具和材料，用各种方式发展孩子双手协调、手眼协调等精细动作，用心欣赏孩子的探索行为并给予鼓励，促进儿童直觉动作思维发展，使孩子在愉悦的自主活动中快乐成长。

家长要注意提供安全的活动场地。在居家环境中要为孩子设立安全区域，并将尖锐的器物、药品、电源插座等危险物，置放在婴幼儿触及不到的地方。对孩子进行的安全教育，要自然融合在日常生活中。切忌恐吓和过分强化，避免由于成人的养护偏执，造成幼儿胆小退缩的性格。

家长可以通过游戏活动来激发孩子的思维。游戏除了能带给孩子快乐，增强他的健康外，在思维培养方面还具有重要意义。儿童早期思维发展是影响其一生的重要环节。游戏能培养孩子的想象力，孩子常常用游戏弥补现实的不足。

通过游戏满足儿童的好奇心。好奇心是求知欲的动力，是想象力的基石。家长应充分开发教育资源，保护并满足幼儿的好奇心和求知欲，鼓励和启发孩子提问。

由于幼儿对世界充满着好奇，常常提出许多成人觉得很幼稚的问题，并喜欢刨根问底。在回答孩子的问题时，要有启发性。如果孩子提出的问题家长也不知道答案，应如实告诉孩子，并与孩子一起寻找答案。有些家长习惯性忽视孩子的提问，对孩子的问题置之不理，甚至对孩子的提问感到厌烦，这会导致孩子不敢或不愿再提问。要理性对待孩子因好奇而导致的破坏性行为，强化好奇、好动、爱探究的天性，用心欣赏婴幼儿看似不合逻辑的作品。有一些家长对孩子因好奇而破坏家中的玩具或物件行为报以训斥打骂的态度。这些观念和行为都不利于儿童思维发展。

通过游戏刺激儿童的想象。想象是儿童借助于词汇，实现对已有的表象所进行的带有一定创造性的分析综合活动。由于想象能活跃孩子的思维，诱发创造的情趣，有利于思维发展。因此家长应有意识地引导孩子，从无意想象进入有意想象和创造性想象，并注意培养表达想象的基本技能。如通过讲述故事，解决问题等游戏形式来培养孩子的想象能力。家长需利用各种日常活动作为游戏材料和资源，积极开展家庭亲子游戏，做孩子快乐的玩伴。

婴幼儿由于经验的贫乏和语言发展较差，只有想象的萌芽。不过随着年龄的增长，幼儿逐渐能创造带有最简单的主题和主角的游戏活动，并在这种游戏活动中开始形成和发展想象的能力。家长应通过多种亲子游戏激发孩子想象，通过在日常生活中多种有趣的角色游戏，提高孩子的游戏活动积极性。其实，幼儿往往不甘寂寞，爱与大人、同伴游戏，父母只要顺乎天性即可。

六

写到这里，最后想提醒家长的是，好动并不会导致注意力不集中。

有些家长常心存狐疑，如果对孩子的动作发展和游戏活动没有任何限制，这会不会带来问题？比如孩子十分好动，几乎是手脚不停，会不会是多动症？

如果遇上这种情况，请先注意观察。比如在上幼儿园的时候，如果老师跟你说，孩子太爱动了，建议家长能进班级看看孩子上课的表现，看他是否真的是“多动”。如果发现孩子对感兴趣的事可以集中注意力很久，而对于不感兴趣的事，孩子就动来动去无所事事，这说明孩子并没有多动症。也可以观察孩子在家的表现，如果孩子可以聚精会神地看动画片，也能安静地自己玩很久，孩子就不可能是多动症。

所以，孩子爱动与多动症没有必然联系。相反，不爱动的孩子，则因为与周围环境接触少，可能引发感统综合失调症等思维发展障碍。所以家长大可不必因为怕多动症而束缚孩子的手脚。

家庭软实力

拼爹，拼妈，拼的到底是什么？

一

家庭教育是父母的一种综合影响，这种影响既与家庭的社会经济条件相关，更与父母的家庭教育素养相关，这种素养是助推儿童发展的“软实力”。拼爹拼妈时代，笔者在此谈谈家庭教育中的软实力建设。

美国马里兰大学的社会学家安妮特·拉里奥，曾选取来自不同经济条件家庭的孩子做过研究。她发现富裕家庭的父母普遍干涉孩子的自由时间，让孩子参加各种活动。孩子喜欢刨根问底，每件事都要问清楚。而父母希望孩子敢于与父母争论，能质疑成年人。相反，来自贫困家庭的孩子则没有丰富的课外活动，他们被教育要向权威人士让步。他们遵循的是自然成长的策略，孩子们善于动手，能够更加有创意地支配自己的时间，有很强的独立自主的观念。

拉里奥研究发现，可以根据社会阶层明确分成两种培养方法，她把中产阶级的教育方法称为协同培养。这两种方法各有利弊，但在实践层面上，协同培养的优势更明显些。中产阶级家庭的孩子有很多经历，能学会团队协作，知道怎样投成年人所好，在需要的时候，会去说服别人。

这种特别的技巧，心理学家斯滕伯格称之为实用智力。为了达到最佳效果，知道自己在什么时候该怎样和别人说出自己该说的话，正是实用智力的一个方面。它的本质是实践性的，是一种正确的认识自身处境并且达到目的的能力。

这种实用的智力不是天生的，而是一种社会悟性，是一系列需要学习的技巧，而家庭正是早期影响个体处世态度和社会技巧最重要的场所。现今社会，拼的是这种实用智力的培养。

二

英国领导教育学者欧文通过问卷调查的方式，询问了11～16岁的中学生，“在社会中，学生的领导榜样是谁？”79%的学生答案是“父母”。

研究表明，父母的职业类别往往预示着不同的工作条件、社会地位和家庭的物质生活等，这些都与他们的自尊、抱负、价值观密切相关，转而影响他们对子女的期望和行为方式，从而潜移默化地影响孩子的发展。父母意识对孩子发展起到重要作用。

父母意识主要是父亲和母亲对于妊娠、分娩、育儿及亲子关系的态度，对为人父母的自信心与责任感，以及成为父母对自身及配偶的评价及情感体验等。父母意识往往体现了父母的价值趋向，进而影响他们的教养模式及对孩子的态度。父母意识概念的提出，超越了以往孩子个性发展研究中只关注父母教养方式等外显因素影响的局限，开始探究父母对孩子个性形成的内在的本质的影响。

父母意识涉及父母的自我发展，最重要的是将能力培养蕴含在日常生活中，对孩子起到身教的作用。家长只有身体力行，潜移默化地影响孩子，才能成为孩子的榜样。这里所说的榜样，不是说让家长时时处处比孩子强，而是指家长不断进取、完善自我的人生态度。孩子是大人的镜子，一个生活消极、把希望寄托在孩子身上的家长，是培养不出积极进取的孩子的。

说到底，家庭教育中的软实力是，家长要通过身教，教给孩子做人的原则，并且自己也在不断地实践完善。孩子世界观、人生观的形成，是需要家长长期潜移默化去影响的。父母希望孩子成为一个什么样的人，去过一种怎样的生活，这是一个漫长而细致的熏陶过程。

三

拼爹拼妈时代，父母的积极参与，对于儿童发展的正面影响不可小视。与此同时，也要注意母亲过度参与可能带来负面影响。曾有一篇报道《美国高中“中国妈妈”为何成了贬义词？》说，中国妈妈（Chinese Mom）成了美国校园贬义词。因为在美国学生和家长眼中，中国妈妈喜欢以别人为标杆，因此华裔家庭的孩子缺少独立性和自主性，什么事都是妈妈说了算。这并不是人家有意丑化中国妈妈，我们应该把它看成是对中国式家庭教育的一个提醒。拼爹拼妈时代，家长应注意：

重视价值观培养。每个父母都希望自己的孩子成功，但是对孩子的第一希望应该是让孩子成为一个好人。一个关心别人的人，更容易理解别人，更有兴趣探索解决社会问题的路径，因而也更有可能成为社会的领袖。价值观是一种全靠后天培养的特质，受父母的影响特别大。成功的家教并不完全取决于父母是否接受过很高的教育，更主要的是受父母价值观的影响。中国家长对早期教育历来抱有高度的热情和期望，但往往由于传递了错误的价值观，家长千辛万苦的付出，换来的却是对孩子发展的损害。

重视独立人格培养。孩子不仅是认知个体，更是生命个体。人格健全使生命的质量更高，独立人格使生命更有尊严。过度关怀会剥夺孩子选择的权利，也进一步剥夺了孩子发展的权利。中国的父母是最具牺牲精神的父母，他们为孩子安排人生中的每一步，但在这一过程中，却使孩子失去了最宝贵的独立思考和行动的能力。家长习惯替孩子决策，其初衷并不是要使孩子成为自己的附庸，但长久以来形成的行为习惯和思维定式可能使孩子们习惯于屈服。

重视沟通能力培养。让孩子发出自己的声音，是家庭教育中尤应鼓励加强的内容。孩子应该学会表达，善于表达，勇于表达。虽说一个人的表达能力有遗传基础，但更重要的是父母与孩子交流时的态度。父母应该意识到，无论孩子的表达能力如何，都应该无条件地接纳、关注、爱护和鼓励孩子，这样孩子就敢于表达。越是交流顺畅，孩子越容易形成真实的自我认识，也越能自信地表达。公共演说能力是很多中国孩子的短板，急需要培养，而家长是最好的老师。

所以，在拼爹拼妈时代，强调父母要积极参与，不是说父母能够包办各种教育，而是指父母要用心给孩子创造一种氛围，帮助孩子选择接受教育的机会。每个孩子都有自己的不同潜能和特点，关键是父母用心地观察、体会，发现孩子的潜能，不要错过发展这些潜能的最佳时机。父母的使命是唤醒孩子内心的自觉，让他们树立自己的生活理想并付诸实践。

得失之间

家庭教育问题，没有固定答案！

做家长不是一件容易的事。做个好家长，也没有一成不变的模式。这些观点，大多数家长是认可的。

可是，当在教育孩子中遇到具体问题时，许多家长似乎又忘记了这些原则。他们习惯于提出一些具体的问题，同时渴望一些固定的答案，以便于操作。

比如，孩子不好好吃饭怎么办，晚上很晚不睡觉怎么办，作业拖拉怎么办，考试粗心怎么办……

我的体会是，越是有很多问题的家长，越渴求简单明了的答案，最好一个方法能解决所有问题。在他们那里，孩子仿佛是停摆的机械钟表，急需专家来配出一把钥匙，赶紧把钟表拧上弦正常工作。

可是，你的孩子是一个机器吗?

孩子不是机器，他们是人。人与人是不同的。比如，孩子晚上不睡这件事，就有多种可能：可能白天睡多了；可能晚上碰到什么新鲜事，临睡前兴奋起来；又或者孩子本身就是个夜猫子型……

发生问题的原因不一样，解决办法肯定也不同。

不要指望我会给出一个固定不变的回答。

只能不厌其烦地告诉家长们，重要的是了解自己的孩子，他的性格有什么特点，他的思维方式与其他孩子有何不同，他的心理发展已经到了什么水平。

原则倒是简单的，那就是，了解你的孩子！

二

可是，即使家长能很好地了解孩子，遇到同样的问题，这次和上次的解决方法，也可能截然不同。

也就是说，除了了解孩子，家长还需要学会应对不同的教育情境。

孩子和孩子不同，每个家庭遇到的教育情境又不一致，你说，教育孩子怎么可能会有固定的模式。

所以，我对一些所谓的成功家庭教育模式，总是心存敬畏。家里有了上名校的孩子，家长就可以出一本书介绍自己的成功经验。可是，那些教育经验真的是可以复制的吗？

有人不服气，也许会说，这样一来，岂不是将家庭教育问题导向不可知了？

是的，我真的认为，家庭教育问题充满了不确定性，没有固定答案。

家庭教育对父母的挑战，就在于无数的不确定性。窃以为其魅力也在此。因为，这也带来了无数的可能性。

那正是为人父母的乐趣，以及忧虑……

三

好吧，亲爱的家长，我知道你更加困惑了。

有小学生妈妈向我诉说，她女儿参加了学校组织的一个自我挑战项目，就是在一个月内完成写多少大字云云。报名是自愿的，她女儿很愿意挑战自己，所以参加了。眼看着项目结束日期在即，孩子似乎欠债不少。

妈妈说，如果我逼一下，孩子应该也能完成任务，可是亲子冲突肯定会发生的，家庭气氛也会很紧张。可是如果放任自流，会不会对孩子的意志培养带来负面影响，万一养成半途而废的做事习惯，后果似乎也是严重的。

她和我讨论，犹豫到底要不要干预。

我不禁莞尔。这位妈妈很了解孩子，也拥有丰富的教育理论，可是具体到自己的孩子身上的具体问题时，她竟也有些拿捏不住了。

对大多数没有受过专业教育训练的父母，在家庭教育中纠结，是多么自然的一件事。

也包括我自己。

四

尽管也知道没有固定答案，这位妈妈还是一定要我给出建议。

我说，是否需要干预，取决于你的期待。如果你更看重家庭关系的和谐，可以选择忽略孩子的这项任务；如果你认为这是磨炼孩子意志的好时机，那么还是每天采取强制措施完成任务吧。不过，不管选择哪一种，你都会有得有失。

这位妈妈对我的回答并不满意，她问：“如果你处于我现在的情境，你会怎么做？”

我毫不迟疑地说，放弃。

因为我知道自己的孩子忍受不了重复、单调、枯燥的工作，她对抄写没有兴趣。我了解自己的孩子。

我也了解自己，因为我没有耐心。还是放她一马，大家都快乐吧。

所以，教育孩子，不仅要了解孩子，还得了解你自己，尤其是明确你自己对孩子的期待。

五

你看，依我现在的经验，应对这类教育情境似乎绰绰有余了。可是，十八年前，当我第一次成为妈妈时，虽然脑袋里充满了无数教育学理论、心理学观点，又何尝不是内心惶惶。

记得孩子开始上幼儿园时，因为动个不停，老师怀疑有多动症，建议我带孩子去医院看看。

我拉着孩子一起玩游戏，看动画片，观察孩子的注意力是否集中以及持久。我发现，遇到孩子感兴趣的事情，她可以很安静和专注地投入。于是，我知道孩子虽然顽皮，但是注意力发展没有问题。她的好动甚至与我的纵容有关，因为我相信皮亚杰的思维起源于运动的理论。

可是，被老师和同学冠以"皮大王"似乎也不利于孩子的学校生活，我还是决定干预。尝试让她参加一些静心的兴趣班，书法、围棋都半途而废了。泥塑、剪纸等倒是学得不亦乐乎。

然后，我们带她去听钢琴演奏，她表示非学不可。可是，练琴是一件多么枯燥的事。对她这样好动的孩子，简直就是折磨，考验的不仅是她的毅力，更是家长的耐心。

我们需要取舍。

我那时候的境况，和上面那位妈妈现在的情境，又有何分别？

六

那时，我们选择了干预。因为我们的期待很明确，相信音乐对孩子思维发展的益处，也相信古典音乐对孩子审美的影响，当然，还有枯燥训练对孩子心性的磨炼。

在这场学琴马拉松中，孩子每每坐上琴凳，就一会儿这里痒，那里疼。我们称之为“钢琴性皮炎”。眼看着练琴时间在磨蹭中流失，亲子冲突得一塌糊涂。是的，我也理解，每天练琴，当孩子端坐在琴凳上，她一定也失去了许多快乐的自由玩耍时光。

患得患失之间放弃过N次，可是一次次又捡回。

孩子坚持下来了，很多年后，孩子在音乐上小有成绩。她能弹能唱，入选当地最好的合唱团。

可是，你以为这是我们家长干预的功劳吗？其实不然。

在女儿小学五年级时，她的乐队指挥告诉我，女儿有完美的辨音能力，千万不要浪费她的天分。

我才明白，其实是她自己在一次次放弃后又回归。我们只不过是没有扼杀她的兴趣和埋没她的才干。

很多时候，我都会扪心自问，我真的了解自己的孩子吗？

我是说，若是当年我们没有干预呢？又或者，我们采取了更严格的措施呢？

七

回望来时路，曾有多少的纠结。

女儿大班那年，幼儿园搬迁，从家到园几乎跨越整个城市，不得已，我们选择寄宿。那是对孩子来说多么难过的一年。

对我也是。一直担心孩子会留下心理阴影，也一直后悔当时为何不能举家搬迁至幼儿园附近。

直到最近，看到孩子演讲中提到那段经历。她说，小小的年龄寄宿学校，远离父母确实很伤心，可正是在那里她开始了自己的集体生活。因为有了这样的经历，她对自己在高中时候远隔重洋求学毫不畏惧。

我终于释然了。

我想说，面对教育问题，很难有标准答案。面对教育困境，那些所谓深思熟虑的理性选择，何尝不是一种机缘?

可是，我也想说，孩子，我尽力去了解你了，也尽力了解我自己了。并且，对你的期待，一直也很明确：只希望你不要浪费了自己的天分，尽力了，才不会后悔。

亲爱的家长，相信你们对家庭教育的期待，也是同样：

虽然没有固定答案，我们尽力了，就不会后悔。

贰

谦卑

有关育儿过程中的

情绪，

心态，

信任，

以及亲子关系

焦 虑

从社会，到家庭；从家长，到孩子。

这份横扫一切的育儿焦虑，源头到底在哪里呢？

当下，育儿焦虑似乎已成为家庭生活中的常态。那么，引发育儿焦虑的原因有哪些？分析当下的一些社会发展背景，或可以帮助我们厘清育儿焦虑的源头，稍微缓解一下焦虑。

首先，家庭规模和结构的变化使子女日益成为家庭生活的中心。家庭规模和结构的变化对家庭教育产生重要影响。当前，在世界范围内家庭规模有逐渐缩小的趋势，同时家庭存在形式也由大家庭转向核心家庭。无论是家庭成员数量的多少、代际的众寡，还是家庭成员的角色构成，都会直接影响到家庭关系、家庭日常生活以及家庭成员互动，也会给家庭教育方式打上特定的标记。

从积极方面来看，家庭结构核心化使家庭内序列减少，结构简单，家庭成员情感亲近，关系密切，容易建立情感共鸣系统，能够达成父母对子女教育认识的一致。新的家庭教育模式有助于夫妻协调一致对子女进行教养，有利于促成子女接受教化的积极性情绪，产生良好的教育效果。并且，核心家庭增多意味着与祖辈分开居住，这在一定程度上减弱了祖辈所代表的传统生活模式对青年家庭的影响，也可尽量避免因祖辈与青年父母在对子女的教养观念、教养方式上的不一致而产生诸多矛盾及不利影响。

然而，由于家庭核心化，子女独生化，父母给予子女更多的关怀、照料、陪伴、管理、培养和教育，不可避免地使子女日益成为家庭生活的中心和重心。亲子关系也日趋紧密，孩子很自然地把父母的期望内化成为他们自己的期望，而且把它们转化成为自我实现的预言，无形中对孩子的成长带来压力，并可能在亲子之间产生心理共生效应。

其次，家长受教育程度的提高增大了教育投资意愿和回报期待。父母的受教育经历以及他们从自身的教育程度获得回报的经验，将促使新一代家长加大对子女教育投资的意愿。一般来说，受教育程度高的父母倾向于认为投资子女的教育将获得极大的未来收益，因为他们自身就是教育的受益者。早在20世纪六七十年代，贝克（Becker）等学者就研究发现，拥有高学历的父母可能预料到子女在学习上的天赋和将来的收益，因而更加愿意投资子女的教育。海芙曼（Haveman，1991）也发现，父母特别是母亲的学历越高，对子女将来完成高等教育阶段学习有着显著而积极的影响。瑞博（Ribar，1993）研究出了一个联合决定模型，该模型可以说明随着父母教育程度的提高，子女的中学毕业率随之提高。

在我国，根据国家统计局城市社会经济调查总队在全国30个省、区、市的15万户城镇居民家庭进行的抽样调查，家庭教育支出的费用与父母的文化程度高低有正相关性。文化程度越高的家庭，其人均教育支出越多。其中，父母文化程度是大学及以上的家庭，人均一学年教育支出约是小学文化程度家庭支出的1.15倍。高收入家长对子女的教育投入除了在校教育的支出以外，还有补习班、兴趣班、家教等课外教育支出，对特长教育情有独钟。

家庭的收入高对教育带来的积极影响是显而易见的。但是随着家长为孩子交纳择校费、补课费等主动性消费渐成风气，造成家庭之间的教育投入竞争也日趋激烈。比如，家庭条件优越的父母倾向于送子女去海外留学。同时，随着家庭教育消费逐年上涨，进一步引发家长对子女教育回报期望值的上升。外在的竞争以及内在较高的投资回报期待，难免使家庭陷于压力之中。

再次，家庭经济资本和文化资本差别扩大直接导致家长焦虑。经济资本和文化资本对子女教育机会的获得具有重要影响。有调查显示，“国家机关、党群组织、企事业负责人”和“专业技术人员”的子女接受高等教育的机会与父母为“一般工作人员”的子女相比，具有较大的优势，前二者子女接受高等教育机会的可能性分别是后者子女的2.1倍和2.2倍。同时，父母的受教育年限每增加一年，其子女接受中等教育的加权机会比例将增加16.1%。

因为机关、企事业负责人和各类专业技术人员等职业阶层拥有较为雄厚的经济资本，能够为其子女的教育投入更多的资金，使其子女在教育机会获得的竞争中处于优势地位，拥有接受更多的更高层次教育的机会。同时，这类职业阶层拥有较多的文化资本，能够为子女提供更好的家庭教育，并能通过言传身教和家庭文化氛围影响子代的学习习惯和学习成绩等，使其子女在教育机会获得的竞争中处于有利地位。而主要劳动力市场中的一般人员，其经济资本和文化资本拥有量相对匮乏，使得其子女在接受高层次教育的竞争中处于明显劣势。

这意味着，中国教育机会的不公平不仅仅表现在教育机会获得方面。家庭教育放大了这种教育机会不公平带来的后果，将进一步加大贫富差距，减小教育导致的阶层流动，会对社会资源获得的公平性产生较为明显的负面作用。子女教育是改变命运、实现阶层流动的管道，同时也是导致诸多家长普遍焦虑的“最后一根稻草”。

二

除了社会变化引起的焦虑，家长的某些功利观念和教育资源的匮乏也无可避免地增加了家长的焦虑感。

首先，由于教育承载的社会和经济功能过重导致功利的家庭教育观。如上所述，新形势下，子女日益成为家庭生活的中心，加上家长受教育程度的提高，使家庭中的教育投资不断提高，家长对子女难免产生较高的回报期待。而不断加大的家庭经济资本和文化资本差距，使家长将子女教育视作改变命运、实现阶层流动的渠道，表现在家庭教育领域就是越发注重教育的实用性。在子女教育问题上，家长也不可避免地沾染急功近利的浮躁。加之望子成龙等传统观念仍根深蒂固地影响着广大家长，致使当前家长的教养观念面临短期功利与长远理想的矛盾冲突。

表现在具体的家庭教育活动中就是家长重结果轻过程，重教育效率轻教育效能；在家庭教育目标上，家长重智轻德，重知识灌输轻个性发展；在家庭教育形式上，家长重言教轻身教，重形式训练轻实践锻炼。这些偏差与冲突的实质，是因为家庭教育承载着过多的家庭经济和社会发展目标，成为满足家长或家庭功利需求的附庸，导致家长无视孩子的兴趣爱好及自我意愿，强制子女按照成人规划的既定方向发展。

这种背离教育目的的背后，也折射出社会对儿童自身发展的漠视。功利的家庭教育仅仅看到家长对儿童的形塑作用，忽视了儿童的自塑能力，其隐含的逻辑是家长是家教实践的主体，而儿童成长与发展即人自身的构建被排斥于多数研究者的视域外，这种功利的家庭教育观无疑会将家庭教育引入歧途。

其次，优质教育资源不足加剧家长在教育中追名逐利。在优质教育资源与学生发展不完全匹配的现状之下，要让家长不焦虑很难。让孩子进各种辅导班，帮孩子请各种名师，确保孩子的学习成绩具有竞争优势，是家长们的现实选择。优质教育资源稀缺，个体缺乏自由选择的权利，因此教育机构不得不使用考试这个筛选工具。家长们为了争取进入好学校的机会，享受到优质教育资源，必须从娃娃抓起。尤其是，当考试和分数作为唯一的筛选工具时，这些量化指标的分毫差别，甚至可以改变人生前进的方向。比如高考分数线，对那些落榜的学生，就是一道人生的鸿沟。

在20世纪80年代，60后、70后高中生读本科的概率不超过10%。在当下的21世纪，有些重点高中上大学的概率几乎接近百分之百。可是家长的焦虑并没有伴随着升学率的提升而降低。相反，家长对优质教育资源的追逐已从考上大学转向追逐名校和热门专业。而且追逐的范围，已不限于国内，正在走向全世界。除了“万般皆下品，唯有读书高”等传统观念根深蒂固，就社会现实而言，学历高低仍然是衡量人才的主要标准。比如北上广的落户积分政策，有博士学位的积分高居榜首。并且除了学历，还要区分出学校等次，即985、211以及一般院校。即使学历相当，积分却仍有高下。

当下许多家长正在通过用脚投票的行动，来降低学校教育资源与孩子发展不匹配所带来的负面影响，因而越来越多的低龄学童选择国际学校或者出走海外。但是低龄留学出国又带来新的焦虑。与国内教育相比，国外的小学甚至初中，学习生活相当愉快轻松。但是从高中开始，学业负担加重。此外，学生还要从事运动项目、课外活动、社会服务等，这些都需要时间与精力付出。看过电视剧《小别离》就会明白，低龄学生出国读书会引发新的焦虑。

家长焦虑的最根本原因，仍在于期望值高企。许多家庭教育的失败，源于父母的期望过高。竞争无休、焦虑不止的表象下，涌动着的是家长日益膨胀的期望值。理性来说，孩子身上至少有50%的先天发展因素，家长是无法改变的。这些先天因素，不仅包括智商，还包括孩子所传承的个性等非智力因素。家长期望值的设定主要应依据孩子的发展水平和特点。但是很多家长在设定自己的期望值时，往往不去了解孩子的本来面目，而是被外在的功利要求所裹挟。

父母的期望值与孩子的发展能力不匹配，往往导致父母与孩子的共同焦虑。为了缓解这种焦虑，家长对待孩子的发展应持有谦卑之心，不要以为教育无所不能，家长无所不能，孩子的发展无所不能。每个人的发展都是有限度的。

谦 卑

一把钥匙到底可以开几把锁呢?

一

孩子小时候的几个经典故事，我现在经常拿来消遣日渐长大的女儿。

故事之一，是女儿两三岁时第一次学习洗手绢。那时正是小朋友热爱劳动的年龄，不论大人做什么，都要上来插一手。我于是因势利导，教她学习洗衣服。

先从洗手绢开始，教她第一步把手绢浸湿，第二步涂肥皂，第三步冲洗，第四步晾晒。小姑娘认真地学会了洗衣四部曲，然后兴致高昂地把自己的脏手绢都拿来洗了一遍。她把一块手绢浸湿，涂肥皂，冲洗，晾晒。然后如此往复，洗完了自己的三块手绢。

女儿跑到我面前来邀功，我真诚地赞美了她的能干，然后告诉她，三块手绢可以放在一批洗，把所有要洗的手绢一起浸湿，一起涂肥皂，一起冲洗，一起晾晒，这样会更快些，也更节约水。她频频点头，算是记住了。

小孩子的思维局限性在这个学习的过程中一目了然。女儿长大后说给她听，她自己也觉得好笑。

二

还有一个经典故事是关于女儿写字母的。五六岁的时候，女儿在幼儿园开始学英语，老师会让孩子们回家写字母，还要求一个字母写很多遍。有一天，我看到女儿在本子上奋笔疾书，感觉颇为奇怪。因为她的书写还没有到这种熟练的水平。于是凑过去，发现她正在写字母“i”。她先在本子上写了一排的点，然后再在下面写一排的竖。她得意地说，这种方法比重复写一个完整的字母要快多了。

可是，一个字母怎么能分开来写呢？我忍住笑，给她讲解关于一个完整的字或者字母的概念。写字应一气呵成，哪有分批制造的道理。这件事，女儿到现在还记得，所以那以后她再没有分部首“制造”字或者字母。长大后再说起这个故事，是取笑她小小年纪，倒是会找偷懒的门道。

最近，当我又在抖搂女儿过去的糗事时，女儿大笑过之后，突然发问了：“妈妈，既然手绢应该分批洗，那么我分批写字母的部首有何不妥？”

这个问题让我一愣。这么多年，我从未想过这两个问题之间的关联。女儿的反问促使我反思：是否恰恰是因为我纠正过女儿洗手绢的流程，而导致她采取分部首地写字母。我想这是极有可能的，这恰恰说明孩子具有极强的学习迁移能力。

可是，我看到的却都是她可笑的一面，觉得小孩子的直线思维可笑，觉得孩子极具创造性的偷懒方法可笑。其实那个被取笑的人，应该是我这个具有局限性思维的家长。这么多年，我竟然没有想到这两个事例之间的联系。

三

在养育孩子的过程中，有多少次，家长会因为自己的思维局限和自以为是而犯下错误？

我到现在还记得和女儿之间的一个有关沟通障碍的笑话。女儿小时候，我一直使用成人语言和她对话，为的是能丰富她的词汇。那时每当女儿提出一些不合理的诉求，或者即将表现出一些违反规则的行为，我经常说的一句话是："妈妈的耐心是有限的。"久而久之，我认为女儿明白了这句话的意思。因为每次当我说这句话的时候，她知道自己正在挑战妈妈的忍耐力，会慢慢收敛。

有一天，她在和小朋友一起玩时，小朋友抢了她的玩具。女儿要求归还，然后很严肃地边说边比画："我的耐心是有限的，有——这么长——这么长——的——线！"

当我听到女儿的话，看到女儿在空中比画长度的小手，差点儿笑翻。原来她理解的所谓"有限"是一条有形的、具体的、实在的、长长的线！

家长和孩子之间的沟通，有多少次，家长和孩子都以为在说一件事，却原来是风马牛不相及的两回事。

幸运的是，我及时听到了女儿对"有限"的理解。这让我能及时反思，和幼儿沟通时应如何选择语言，既能丰富她的词汇，又不至于引起歧义。

可是，我知道，有很多家长，没有这么幸运。他们一直沉浸在自己的思维局限之中，不愿意卸掉自以为是的枷锁。

四

家长在教育孩子上的思维局限性，有些可能当时可以意识到，有些要过很久才能醒悟。

翻看女儿一岁左右时我记下的点滴，发现有那么多可笑的故事。比如，记录显示，女儿看到大人拿钥匙开门，也拿着一把钥匙，学大人的样子去开门。她还会津津有味地拿一把钥匙去开所有的门。我那时的点评是：小孩子，你不知道一把钥匙只能开一把锁吗？！

很多年后旅居国外期间，我发现我的办公室钥匙，既可以打开办公大楼入口的门，也可以开学院咖啡间的门，还可以打开文印室的门。一把钥匙可以开不同的门，真是太方便了（当然，开不了其他同事的门）。

一直以为孩子是那个笑料的中心，因为她的无知、天真、纯粹。可是，有一天，突然醒悟，自己才是那个可笑的人。只是，有些笑料的谜底，可能永远都无法破解了。

好在我还算开明，在孩子成长过程中，并没有因为自己觉得可笑而当场嘲笑孩子，而是指出了一条我自以为正确的道路供她选择。可是，这些所谓“正确的道路”，无疑体现着我的思维限度。而对于孩子，我们所希望的，其实是她能超越家长的局限。

所以，亲爱的家长，不论孩子有多小，她的行为有多傻，对待孩子的成长，我们能做的，是不断警醒自己的思维局限，时时刻刻保持一颗谦卑之心。

家有琴童

练琴，其实是关于爸爸和女儿的一场持久战。

一

这个世界上还真有这样一种工作，没有人给你发薪水，也没有人考核你的工作绩效，可是，当你不愿意干的时候，你还辞不了。

我说的是做父母的工作。

如果把养育儿女当成一种职业，不知道家长有没有想到过辞职。

我们家有一位，已经幻想过无数次的辞职，也实施过短暂的辞职，最后，均以失败告终。

这位想辞职的人是我的先生，他想辞去的工作是再也不要陪女儿学琴了。每隔一段时间，我就会听到正在女儿练琴的当口，音乐戛然而止，然后是他的怒吼声。女儿当然也对着他怒吼。然后是谁也不理谁了。然后是没过多久，两人又互相理了。

这样的悲欢离合，从女儿4岁起，不知不觉，已历时8年。

二

经常会听到爸爸说：“我真的再也不管你练琴了。抗战也不过打了8年。我放你自由，我们不是非学琴不可，你可以不学。”或者，“你也让我自由吧……”几乎是哀求了。

可是，女儿还想学下去，她已经考到八级，她的目标是考到十级。关键是，她喜欢音乐。她钢琴演奏的《牧童短笛》上过电台直播。她小学时跟着学校的兴趣班学过吹口琴，得过区里的二等奖。在美国时，她在学校的乐队吹长号，只用了两个月就被选到市里的乐团参加公开演出。她现在仍参加区里的合唱团，有时还领唱，去年还去澳大利亚比赛，在悉尼歌剧院演出，十分风光。她懂得各种流行与古典音乐，说出来的名字让我感到自己的无知。

她的音乐老师说她有音乐天分，因为她有超强的辨音能力（Perfect Pitch）。但是，练习钢琴是多么机械啊，一遍又一遍，除了音准，还要指法正确。尤其是练习指法的曲子，是多么的枯燥。我和先生基本属于乐盲，从未想过培养她在音乐方面成才。当初学琴也是因为她赖在人家钢琴上不走，我们才最终买来。庞然大物即使抬回家来，也不认为非学不可，权当娱乐。但是女儿要学，我们也只有舍命陪君子了。

你们有没有遇到这样的情境，孩子对音乐有兴趣，有天分，但是又怕苦。家长，是放弃还是坚持？

三

在学琴这件事上，我是一个旁观者和调停人。有时看到他们矛盾激烈，经常劝他们放弃，但是先生拿来女儿期末考试写的作文，上面有女儿对音乐的理解。摘录如下：

我的快乐

音乐，是无数伟人的快乐，同样，也是我的快乐。我从小就开始听小乐曲睡觉，且百听不厌。闲暇之余，坐在沙发上闭眼去听音乐，就会随着乐声到“人间仙境”去游览一番。

四岁时，我开始学习钢琴。每天晚上，钢琴是我必不可少的课程之一。白色的键，黑色的键，白色的谱，黑色的谱，单是这两种颜色，发出的声音却是五彩斑斓的动物，“哈农”是紫色的熊，“巴赫”是黑色的夜莺，小奏鸣曲则是有着彩虹颜色的独角兽。我所弹过的曲子都在我的脑海里留下了彩色的印迹。

学会了有“乐器之王”美称的钢琴，我唱歌音准也比别人好很多。于是我进了合唱团，交了不少挚友。看来音乐不仅能打动人心，也能在人际交往上发挥作用呢。

音乐能作为我的快乐的主要原因，就是可以给我这个爱想象的人更多空间。就比如《哈巴涅拉舞曲》，音乐上来就是大提琴的拨动声，就好像一部老式电影的镜头在马车上对着地面，小提琴声上来时镜头则转向两边的集市。当和声开始时镜头转向埃菲尔铁塔。此曲给我的想象就是法国人民赶着马车在通往埃菲尔铁塔的路上赶集。多令人向往啊!

各国文化有差异，也有相同之处。中西方文化也是如此。比如西方音乐家莫扎特与中国诗人李白，两人创作的是毫不相干的作品，却都是十分豪放、浪漫的风格。又比如，白居易和巴赫，两人作品中都带着缕缕悲伤……从音乐中发现中西文化的共同之处，不也很令人高兴吗?

先生说，假设我们现在放弃练琴，是不是堵死了一扇女儿欣赏生活的门?

这个罪名不小呀，先生很无奈地说：“我现在心态也好多了，我就这样和她耗着，将来她会感激我的。”

练习的痛苦是每个人都要面对的。远的看看《傅雷家书》，里面傅雷对傅聪的管教也有很残酷的场面。近的听听郎朗的故事，几乎就是棍棒底下出才子的典范。最可笑的是我们刚看了一篇关于女儿现在的钢琴老师小时候学琴的报道，也是一个模式。女儿的钢琴老师小时候为了逃避练琴，会用小刀割破自己的右手，他的爸爸，在我看来那样一个和气的老先生，居然曾经把儿子的大腿掐出血。而女儿的钢琴老师，现在对自己的爸爸只有感激。

我们家还没有那么血腥。我对女儿开玩笑说，这就是你成不了钢琴家的原因。

四

很多家庭都有琴童，大约也有和我们相似的经历和感受吧？

在有些家长和小朋友的心里，钢琴似乎是鸡肋，食之无味，弃之可惜。所以练习的时候也没有多少激情，机械地在弹。家长若是自由放任，孩子的琴技进展就会缓慢。总有憋不住的家长对孩子的进步不满，毕竟学钢琴是时间投入和金钱投入都不菲的事情，总是要有个成果才对得起许多的付出。所以家长就会要求孩子勤学苦练，可是迎来的往往是孩子的反叛。

有些刚烈的孩子，在重压之下，会砸钢琴，咬琴键，甚至还有的孩子伤自己的手指，再也不碰钢琴。性格绵柔的孩子，也许就让家长压下去了，慢慢来了兴趣，有时表演一番得到夸奖，倒是喜欢钢琴了。所以孩子学琴是否成功，关乎孩子的天分和兴趣，又和孩子的性格密切相关，与家长的督促方式联系也很大。

在弹琴这件事上，依我看，爱音乐又爱吃苦的孩子极少，大多数是爱音乐不爱吃苦的孩子。对这样的孩子，还是要根据孩子的性格特点，对性格温顺的孩子适当给予压力，对倔强的孩子可能主要是引导，因为压制会导致更大的反叛。所以家长督促练琴的要点是掌握好节奏，控制好分寸。主要是以培养兴趣爱好为主，千万不要因为考级等外在的目标毁了孩子喜欢音乐的好心情。

在我们家，爸爸对女儿基本采用的是这样的战术：不会逼着她练琴了，女儿自己倒是会主动弹，还要请爸爸听音调是否准确。她会从网上下载自己喜欢的乐谱来练，有时还发现人家的谱子有误，自己做正确的调整。

我看到女儿做这些事，显得很专业的样子，心生佩服。

一个懂音乐的朋友对我们说，这其实是孩子学音乐的本质，就是他懂得欣赏音乐。

这才是教育改变生活的真谛。

任性与韧性

培养良好个性，

需要分清孩子的任性与韧性。

日常生活中，我们经常会看到这一幕：三四岁的孩子跟家长逛街，看到好东西就不走了，非让家长买不可。家长不买就赖在地上不起来，甚至还躺到地上打滚。最后家长不得不妥协。很显然，这是一个孩子任性的案例。

小孩子喜欢制作手工，并且特别喜欢制作玩具模型，做起来什么也顾不上，即使失败了也兴致不减。每当这时，无论大人叫他做什么，孩子可能都会置若罔闻。家长认为孩子很任性。

其实这里的“任性”和上一个例子还是有区别的。孩子倾心于自己的爱好，一心钻在模型的制作上，反映了孩子浓厚的学习兴趣和长久的注意力。而且在此过程中，百折不挠，反映了孩子良好的心理素质。

任性是一种日常的叫法，在心理学上通常是指个体发展过程中的一种自我中心状态。自我中心是皮亚杰提出的心理学名词，是指儿童在前运算阶段（2~7岁）时，只会从自己的立场与观点去认识事物，而不能从客观的、他人的立场和观点去认识事物。关于自我中心的名词有两个，其一是幼时的自我中心（Egocentrism），其二则是青少年时的自我中心（Self Centric）。也有研究者认为，尚有第三种自我中心的形态在青年期之后仍然存在，可能持续至成人期，且会影响两性在亲密关系中的相处方式。自我中心是个体在身心发展过程中随着个性的发展而形成的自我意识发展的一种产物。

韧性原本是物理学概念，指物体受到外力挤压时回弹。这里所说的韧性一般是指心理韧性，英文为Resilience，是指个体在遭遇身心压力时表现出的一种抗压和复原能力。台湾学者将其译为"复原力"，香港学者译为"抗逆力"，大陆学者译为"心理弹性""回复力""压弹""复原力"等。目前主要存在三种定义。结果性定义认为心理韧性是一类现象，这些现象的特点是面对严重威胁时，个体的适应与发展仍然良好。过程性定义将心理韧性看成一种动态的发展变化过程。品质性定义将心理韧性看作个人的一种能力或品质，是个体所具有的特征，是个体从消极经历中恢复过来，并且灵活地适应外界多变环境的能力。

虽然任性与韧性在日常用语中似乎差别不大，以至于很多家长会混淆二者。其实从对二者原始概念的梳理中不难看出它们的区别。

任性是个体发展过程中的一种不成熟的心理状态。首先，任性表现为不会关心别人。处于自我中心阶段的孩子会从自己的利益出发，不顾及别人的感受。其次，在与人交往中会固执己见。他们在人群中是以自己的态度作为别人态度的向导，认为别人都应该与自己保持一样的态度。而且孩子在明知别人正确时，也不愿意改变自己的态度或接受别人的态度，因而难以从态度、价值观的层次上与别人进行交往，整个交往的水平很低。最后，任性的孩子一般有很强的自尊心，他们强烈地维护着自己，因此他们不能接受别人的成功。所以任性具体表现为孩子不分是非，固执己见，不愿受任何约束，又不听劝告。孩子在处理问题的时候，仅顾及自己的想法和利益，而忽视别人的感受。

韧性则是一种良好的心理素质。具有心理韧性的个体坚信自己的做法正确，无论有多大困难，也要坚持下去。这是一种良好的品质，家长应予以支持。影响个体韧性的因素主要有三方面：一是个性因素，即个体内部的有助于克服逆境并能积极发展的特质性因素。二是环境因素。环境因素包括来自于家庭、学校和社区等的积极因素。家庭作为个体成长的最初和最重要场所，其环境和氛围是重要影响因素。同样，积极的学校氛围和良好的同伴关系等对于韧性的培养也很重要。第三是社区环境因素。研究认为，成长于较差社区的孩子，相比成长于较好社区的孩子更容易出现消极的适应结果。

四

任性的孩子，其内心是无助的，情绪是不愉快的。在孩子的任性里，隐藏着孩子对父母的不满与反抗。孩子的任性，也从另一个侧面说明了父母与孩子的交流中存在问题。任性孩子的父母一般会有以下行为模式：高期望值，喜欢操控和教导孩子。他们和孩子的沟通主要是以说教、命令的方式，比如：“你要……”“你应该……”“你不应该……”等。在这种沟通模式下，孩子无法走出自我中心的阶段，因而也难以养成完善的人格。当孩子任性时，家长训斥甚至打骂，不仅无益于问题的解决，还有可能造成孩子的逆反心理，使孩子进一步用任性的行为来与家长抗争，从而使他们变得更加任性。

对待任性的孩子，可以采用一些具体的方法纠正。比如在孩子任性的时候，应因势利导；或者对年龄较小的孩子采取转移注意力的方法，使他从任性中解脱出来；或者在孩子任性得超过界限时，采取不予理睬等冷处理的办法。而最根本的是营造一种亲密平等的亲子关系。父母既有权威又能尊重孩子的民主型教育方式，能培养情绪稳定、善于控制和约束自己的孩子，这样的孩子较少任性。因此父母应尊重孩子，多给孩子些自由度，平等与孩子交流。如此孩子有事也会主动与父母沟通。父母能得到孩子的信任，就能增强教育效果，防止孩子任性。

而要增强孩子的心理韧性，首先，教会孩子正确看待造成自己失败的原因，家长可以经常和孩子一起分析遇到的问题，教孩子学会从不同的角度看待身边的事物，抓住问题的关键。其次，培养孩子的自信心，使孩子了解并发挥自己的长处。天下没有十全十美的人，而正在成长的孩子们就更需要时间来体验挫折，享受成功，进而认识自己。

特别要提醒父母的是，不能把孩子有主见看作任性。随着孩子年龄的增长，孩子会表现出一定的独立性，对事情有了自己的见解，因此确定孩子任性的标准不是“听不听家长的话”。只有做到平等交流，父母才能了解孩子“任性”的真正原因，才能判别孩子的要求合理与否，才能明确区分孩子的表现究竟是属于任性还是属于韧性。

面对提问

妈妈，你怎样证明你是我的妈妈?

养育孩子，会遇到无数的困惑。其中比较具有挑战性的，莫过于来自孩子千奇百怪的问题。比如，才上幼儿园的孩子，开始对自己的存在感兴趣，不仅要问清楚自己来自哪里，还要让我证明我确实是她的妈妈。

标准答案其实不难回答，比如我可以告诉她，我们可以做DNA检测。如果我们的DNA一致，就说明我们有血缘关系。

可是，你觉得，这样的回答，会解开一个三岁孩子的心头之惑吗?可以推测，她下一个问题势必是：妈妈，什么是DNA?而想要对她讲清楚这个问题，其难度不亚于第一个问题。

我的意思是，在教育孩子的过程中，你是不是也和我一样，会经常处于这种有力无处用的尴尬境界，竟然要被一个小小的孩子追问得哑口无言，无所适从。

当然，你也可以选择另一种简单的方式。比如，直接告诉孩子，无法证明。或者，训斥她一通，嫌她问出这么古怪的问题。又或者，索性直接对着孩子拳头一挥……这个问题也能解决，而且孩子绝不会再来纠缠你。

好吧，孩子是不会再拿类似的问题来烦你了。可是，通往世界的探索之门，同时也被关闭了。我们所珍视的孩子的好奇心和创造力，是不是就这样在不经意间被抹杀了？

二

在培养孩子创造力方面，家长能做的，有时或许是什么都不做，从而最大限度地呵护孩子生命中与生俱来的好奇心。

翻看孩子小时候成长的录像，女儿某个吃饭的镜头令人“印象深刻”。那时孩子一岁左右，自己学着用调羹自己吃饭。很显然，她的手眼协调能力还未完善到可以熟练运用调羹的程度。每次行动，要么调羹舀不到饭，要么在运送到嘴的过程中，调羹里的饭撒了大半，漏在地上的比吃在嘴里的还多。

可是，孩子学习使用调羹吃饭的热情百折不挠，她反复尝试。后来，她自己先用手抓饭，塞到嘴里，然后把饭吐在调羹上，再小心翼翼地将调羹送到嘴里。这下成功了，她终于吃到了用工具送到嘴边的饭，自己开心地笑起来。

你可以想象，那个场面有多混乱。脸上，手上，胳膊上，肚皮上都沾满饭粒。吃进去的饭被吐出来，再重新塞进嘴里，在常人看来，恶心之至。

小孩子却乐此不疲。结果是，她学会了使用调羹吃饭，提高了自己的手眼协调能力，解放了大人，因为她可以自己吃饭了。

还有一次，则是她自己发明榨果汁。只见她把橘子瓣塞到嘴里，用自己的牙齿当工具，咀嚼一番，将果肉吐到一个小碗里，果汁吐到另一个小碗里。攒了小半碗之后，高高兴兴地送给爸爸喝。她居然能想到用牙齿榨果汁，也太有创造性了吧！

我看到先生满脸“痛苦”喝了果汁。他过后告诉我：“那小碗里有女儿多少口水和鼻涕啊，我实在难以下咽。可是我要是不喝，太打击她的美意了。”

亲爱的家长，不知道你是否也和我们一样，在这些时候，能做一个冷静的旁观者，忍受孩子的这些因尝试所带来的混乱，甚至恶心，只为了呵护孩子那些小小的创造性。

三

有时，孩子的一些破坏性行为，其实也正孕育着无数的好奇心，更需要家长用慧心去辨识。

为了发展女儿的精细动作，我们很早就鼓励和教会她使用工具。上文中所提到的学会用调羹吃饭就是一例。除此，我们还很早就教会她使用剪刀。

那种圆头的儿童用剪刀，其实孩子用起来也还安全。女儿学会了用剪刀剪纸，剪出各种形状，很有成就感的样子。可是，她似乎对剪刀的功用有无限的好奇心，所以她想剪的可能就不仅仅是纸了。她拿着小剪刀，什么都想剪来试一试，甚至剪下来一撮我的头发。

可以想见，一个充满好奇心的小孩，拿着剪刀四处尝试的“悲惨”结局。事实上她尝试的范围远超出我的视线。后来我发现，家里的床单上，也有一两个剪开的小口。再后来，发现连我的羊绒衫也没有幸免。

问她，她承认都是自己干的事情。至于为什么这么做，也说不出所以然。

这样的事情，我没有过分追究。既然教会了她使用剪刀，就得忍受这些破坏性的后果。要知道，对一个孩子来说，剪坏一张纸和剪破一件毛衣的后果，这个界限真的很难区分。何况，她也意识到自己似乎是做了不应该的事情。

有时，宁愿忍受一些破坏，也不要限制孩子探索的范围，压制孩子的好奇心。

四

再回到孩子喜欢提问的事情。是不是在孩子成长的过程中，有那么一个阶段，你的孩子变成了一个小小问题家，脑袋里装满了十万个为什么，而家长，显然还未做好准备。

孩子会问一些有关生死的大问题，比如，我是从哪里来的?

或者是一些令人挠头的小问题，比如，为什么你的腋窝下面有毛而我没有?

还有一些抽象的问题，却问得特别具体，比如，什么是抬杠?

最受不了的是孩子会随时提问，不管场合。比如，在公交车上，看到正在播报的医院治疗性病广告，突然问你什么是性病。

现在已经有很多育儿宝典在教家长如何回答孩子的奇葩问题了。比如关于我从哪里来的问题，相信现在很少有家长骗孩子，说是从垃圾桶里捡来的了。书上建议要如实告诉孩子答案。所以现在的孩子，很小就知道自己是来自妈妈肚子里的小房子。

好吧，如果孩子知道了自己从哪里来，再接着问：我是怎么进到你的小房子里的呢?

亲爱的家长，你真的准备好了吗?

准备好能心平气和地解答他的问题，并且没有扼杀孩子天生的好奇心?

直面冲突

孩子，我可以表扬邻家姐姐!

女儿小学伊始，我们家楼上搬来了一位拉小提琴的姐姐。她比女儿大三岁，五岁开始学琴，小学三年级考上了全国知名的音乐学院附小。为了孩子能得到好的音乐教育，家人从遥远的外省搬来，和我们做了邻居。

女儿和姐姐感情十分融洽。姐姐不光有音乐天分，练琴练得也认真。不上课的时候，一般每天早晨七点琴声响起，晚上十点结束。我问她："每天练琴这么长时间，不觉得枯燥吗？"她笑眯眯地说："阿姨，我超喜欢！"

女儿每天是在姐姐的琴声中醒来，在琴声中入眠的。尤其是初夏的夜晚，窗户洞开，微风拂面，悠扬的琴声环绕，女儿陶醉在姐姐的琴声中。尤其是当姐姐在比赛中拿了一些大奖回来，姐姐在女儿心中的地位越发高大，顺理成章成了女儿的榜样。

可是，上初中后的某一段时间，女儿对姐姐似乎有些微妙的情绪。特别是当女儿自己练琴练得不耐烦时，有时我只要一提，你看姐姐是怎样练琴的，女儿马上会像个小炮仗一样爆炸，有一次边哭边喊："你眼里只有姐姐好，我什么都比不上她！"原来，她开始嫌弃我将她和别人比较了，尤其是和优秀的邻家姐姐！

对我而言，比较是很正常的。我成长的那个年代，家里有兄弟姐妹。我自己一直是在和哥哥姐姐的比较中长大的。那时，当父母以大孩子的优点与我相比较时，我几乎都是全盘接受。记得那时我物理不好，而哥哥的理工科很好。当物理老师的爸爸每次将我与哥哥比较时，我并没有生气，相反不时对哥哥有敬佩之情。所以，我对女儿的反应很不以为然。这也越发激起了她的不满，不仅对我怒目而视，似乎对姐姐也有了些疏远。

也许是因为我那时比较的对象是我的哥哥，亲情将比较带来的负面情绪掩盖了？还是因为女儿本身的个性，到了青春期有逆反心理。或者，是因为她所受的短暂的个性教育使然？女儿小学曾在美国一年，学校里宣传“我是独一无二的，世界上只有我这一个”，言下之意孩子们对自我的认识是，我就是我，和别人没啥好比的。所以，当我把她和一个没有血缘关系的人比较时，她心理上似乎很难接受。

而我的本意，其实是想通过榜样的力量起到激励作用，可是从孩子的反应看，显然是起到了负面的影响。看来，得和孩子谈谈如何认识自己了。

自我认知的形成是儿童发展的一个重要方面。按照埃里克森的人格发展理论，青春期（12～18岁）开始，儿童面临诸多自我同一性和角色混乱的冲突。青少年期的主要任务是建立一个新的同一感（自己在别人眼中的形象和自我认识的一致），以及他在社会集体中所占的位置。这种同一性的感觉是一种不断增强的自信心，一种在过去的经历中形成的内在持续性和同一感。如果这种自我感觉与在他人心目中的感觉相称，很明显这将为一个人的生涯增添色彩。如果一个儿童感到他所处的环境剥夺了他在未来发展中获得自我同一性的可能性，他将以令人吃惊的力量抵抗社会环境。

女儿这一代人对自我的认知和我们这一代真是天壤之别。我自己从小到大似乎一直都有兄长或邻居作为榜样，不记得引发过什么负面情绪。可是看看现在的孩子，有时居然不能忍受对别人的表扬。而这种现象，不光在中国的独生子女一代表现显著，全球似乎都一样。

美国心理学家斯滕伯格将出生于20世纪70年代、80年代和90年代的三代美国年轻人统称为“我一代”（Generation Me），因为他们喜欢以自我为中心。美国20世纪70年代是一个社会发展相对平静的时期，所以在80年代前后，在全社会范围出现了一种提高儿童自尊意识的努力。经过个性解放的婴儿潮一代已经为人父母，他们也认为儿童应当始终对自己感觉良好。因此以自尊为主题的心理学和教育学的研究充斥在80年代和90年代的学术界，各种社会媒体也都在高度强调自尊对儿童发展的重要性。

在自尊意识大幅提高的基础上，“我一代”确实显得更加自信和乐观。但是，过于夸大自尊的重要性也带来负面影响。研究发现，具有高度自尊的人在遭到批评时会变得不友好和不合作。也就是说，自尊意识的提高同时带来了无法承受批评的孩子，甚至会造成儿童的自恋。

数据也表明，在美国，自恋倾向在“我一代”人中变得越来越普遍。50年代末，只有12%的14～16岁青少年赞成“我是一个重要的人”的说法，到80年代末，有80%的人认为自己很重要。在被调查的大学生自恋条目上的得分也持续走高，大学生们甚至开口向老师要好分数，因为他们相信自己有资格得到尊重、好分数以及其他的一切，只要开口就行了。更糟糕的是，几项研究还发现，自恋者在遭到拒绝后，会发生侵略性的攻击行为。一些校园枪杀案的主角往往具有很强的自恋人格特征。

斯滕伯格在研究中指出，虽然“我一代”这个概念聚焦于美国年轻人的变化，但是这种变化趋势可以推广到其他许多国家。因为这些国家的文化已经经历了聚焦于自我需求的运动，美国的个人主义正在向全球各个角落传播。改革开放后出生成长的中国青少年不可避免地将加入“我一代”大军，自80年代开始实行的独生子女政策更是强化了中国“我一代”出现的历史契机。

由于90年代以后出生的青少年父母大多是“60后”“70后”，父母的青年时期多是在改革开放的社会变革中度过的，对子女教育相对更加开明，客观上也为孩子的成长营造了较为宽松的空间。但是独生子女在家庭中的独特地位，容易形成强烈的“自我中心感”。太强的自我中心倾向，意味着太多的自我关注，可能会导致自私和社会适应不良。

三

基于以上的判断，我详细和女儿沟通了关于是否可以表扬姐姐的问题。我告诉孩子，一个人长大最重要的是学会正确认识自己。和别人比较，类似于通过照镜子，看明白自己的特点，有助于形成正确的自我认知。在我的耐心解释下，女儿似乎意识到了，说姐姐好并不是意味着她表现不好、父母不认可她。她的负面情绪也逐渐消失了。通过这样的沟通，我也明白了，女儿其实也认可榜样的力量，只是气不过我拿姐姐的优势和自己的弱势比较（姐姐是音乐专业的学生），显得不公平。

所以我觉得，面对突然而来的亲子冲突，家长不要为了让孩子感觉良好一味退让，或是摆出强者姿态逼孩子就范。因为两代人存在观念的差异，冲突是客观存在的。最重要的是家长首先不要在冲突面前退缩，被一些似是而非的观念所困扰。解决冲突的关键在于家长和孩子要讲出道理，彻底沟通，打开心结。

在与女儿坦诚交流后，女儿意识到了问题所在，也知道了生活中比较是客观存在、不能回避的。而我也提醒自己，使用纵向比较效果更好。就是拿孩子的现在和过去比，让孩子看到自己的进步，增强自信心。有时也采用横向比较，是为使她知道天外有天，防止自大。通过比较，我们也帮助孩子逐步形成了正确的自我认知。

所以，当我们再度表扬姐姐的时候，女儿感受到的更多是动力而不是压力了。如今，她和姐姐都已经在海外上大学了，还在同一个城市，两人仍持续着发小时的亲密。

别 离

在分离面前，母亲可能比孩子更痛苦。

并且，这种分离之痛，横跨岁月。

在女儿生日之际，想起了18年前孩子出生的一幕。

经历了20多个小时的疼痛，当孩子与我分离的那一刻，感觉自己的五脏六腑似乎被掏空了一般，一种缺失感陡然而生……直到孩子再次被抱到我的怀里，才有了初为人母的满足和喜悦。

而她，似乎也对这人生的第一次分离感觉不适，哇哇大哭，直到紧贴在妈妈的胸前，才安静下来，睁开一只眼睛，窥视着一个全新的世界。

也许正如书上所说，那是因为母亲的心跳以及体温，让婴儿觉得熟悉温暖。

想必听说过亲子联结实验吧？哈洛（Harlow）曾把不同年龄的小恒河猴和它们的母亲分离开长短不同的一段时间，用两种模型作装扮的“母亲”来抚养小猴。一种是用木架覆盖以海绵状橡皮和毛巾布做成的，另一种只是用光秃秃的铁丝编制，周围有食物。哈洛发现，几乎在所有的时间里，小猴都偎依于毛巾布做成的“母亲”眼前。而只有当寻找食物时，它们才短暂地去“铁丝母亲”那儿。

这个实验说明了，亲子联结并非像哈洛做实验之前人们普遍认为的仅仅取决于食物强化，而更多的是取决于由母亲的身体提供的接触安慰。

所以，孩子需要身体接触，要经常抚摸、拥抱孩子。而母子之间的亲密联结是孩子以后社会化过程的先决条件，良好的亲子关系可以为孩子提供心理上的安全感、抚慰感……

二

好吧，于是经常抚摸亲吻孩子，经常把他搂在怀里，保持着最大频次的身体接触……孩子当然一刻也离不开你。你沾沾自喜于和孩子之间的亲密关系，直到某天他要上幼儿园了，你把他留在老师那里准备离开，然后听到的是撕心裂肺的哭喊。

又一次的人生大分离。这一次，你也有些受不了了，潸然泪下。

仍然相信一些研究所说，依恋模式在人的一生发展中扮演着重要角色。安全的依恋有助于形成信任的人际关系。相反，焦虑则导致负面的效应。与父母分离长大的婴幼儿对其他人虽表现出不加区别的友善，但是在长大后就会表现出冷漠、没有情感、爱指责挑剔，在人际关系中难以建立亲密的关系。这些孩子不会爱人，也体会不到别人的爱。

看着我的孩子哭得天昏地暗，我也悄悄观察别的孩子的反应。有些孩子真的很坚强，只是呆呆地看着父母远去。而不像我的孩子，需要老师把她从我身上“撕扯”下来。

三

可是，越亲密的母子关系，难道不是给孩子的分离带来了越多的焦虑吗?

心理学家又说了，心理健康的关键是，亲密接触会使婴幼儿与母亲建立起一种温暖、亲密而持久的关系，在这种关系中婴幼儿既获得了满足，也能感到愉悦。

所以，这样的分离之痛持续的时间不会很长。等到女儿适应了学校生活，她还是那个活泼愉快的孩子。我继续观察着那个和妈妈分开时不哭也不闹的孩子，发现她其实也很少笑。家长来接的时候，也不像我们孩子那样欢呼雀跃，因而分离对她似乎更容易一些。

也就是说，虽然因为母子关系密切会造成短时的分离焦虑，从长远看，母子之间的亲密联系有助于孩子的心理健康。

大多数孩子能克服与父母分离带来的暂时焦虑，前提是良好的亲子关系带给他的心理安全感。随着孩子年龄的增长，这种焦虑感会逐渐消失。

四

需要引起注意的是，因为母子关系亲密而形成的过度依赖，在现今的一些独生子女家庭似乎较普遍。来咨询过的几个孩子，母亲受教育良好，深谙家庭教育理论，也像我一样相信亲子关系的重要性并付诸实践。可是，孩子在青春期左右，却出现了社交退缩等人格发展问题。观察下来，很多是因为她们与孩子关系太亲密，反而剥夺了孩子发展的机会。

可是，书上不是一直在说良好亲子关系的重要性吗？保持和孩子的亲密关系难道又错了？

是的，要根据具体情况评估这种亲密关系的行为表达是否与时俱进。你的行为是有助于孩子的独立，还是造就了他的依赖？

就比如，当孩子在幼儿园门口大哭时，你是狠心转身而去，还是折返而来？见过太多的人折返而来，而孩子哭声更响，直到家长又许诺了某个条件……这样的家长，一般也会在孩子遇到问题时，以爱的名义包办代替。他们受不了孩子经受困难，孩子的痛仿佛痛在自己身上。

当孩子在成长中试图建立自己的认知体系时，父母也会越俎代庖，以至于孩子形成不了正确的自我认知。

我是说，孩子虽然与母亲在形式上分离，可是在心理上，其实永远纠缠在一起。

五

父母子女之间的这种纠缠，有时反而成为父母妥协的撒手锏。

又想起女儿上全托的第一晚，我在家看着孩子空荡荡的小床，各种担心，各种想念，忍不住放声大哭。先生将我拖到一家全托幼儿园门口，让我听听有没有小朋友在哭。

幼儿园里安安静静，估计孩子们已经进入梦乡。

周末接回来问孩子想妈妈怎么办？孩子说，我唱*HAKUNA MATATA*。这是电影《狮子王》里辛巴在流浪时唱的歌，主人公唱完了就会忘记烦恼。这也是我教给女儿克服想家的法宝。

很多年后，女儿在申请大学时，写到了上全托的经历是如何锻炼了她的独立生活能力。孩子的生存本能，有时比家长想象得要强大很多，我们要给他们机会。

所以，如何克服自己的分离之痛，学会放手，也是亲子关系中的重要一环。在维护与孩子的亲密关系和培养孩子独立性之间寻找平衡，考验的是家长的智慧。

我的意思不是让你们送孩子上全托，而是说，在分离面前，母亲可能比孩子更痛苦。并且，这种分离之痛，横跨岁月。不信，某一天，当你的孩子长大远去，在送别的那一刻，那个眼泪在飞的，一定是你。

正如龙应台在《目送》里所说：“我慢慢地、慢慢地了解到，所谓父女母子一场，只不过意味着，你和他的缘分就是今生今世不断地在目送他的背影渐行渐远。你站在小路的这一端，看着他逐渐消失在小路转弯的地方，而且，他用背影默默告诉你：不必追。”

信 任

孩子，我相信你，所以放心让你远走高飞。

“人之初，性本善”，这句经典的《三字经》开首语，正在被一些婴儿心理学的实验所验证。

耶鲁大学心理学家布卢姆发现，婴儿对善意行为和恶意行为拥有普遍性的理解。对婴儿的研究主要采用“目光停留时间”的手段。像大人一样，眼睛也是婴儿心灵的窗户。如果婴儿对某个事物特别感兴趣或觉得惊讶，他们将目光停留于此的时间往往会长于那些不感兴趣的事物。如果让他们同时看两个事物，婴儿通常也会选择那个令其更感兴趣的事物。

采用目光停留时间的手段，耶鲁大学的研究者让6个月到一岁大的婴儿观看木偶表演。一个长着眼睛的多彩木偶正在登山，一个木偶从旁协助，另一个则伺机把登山的木偶推下山去。看过几次表演后，研究人员把“乐于助人”和“搞破坏”的木偶放在婴儿面前，发现婴儿喜欢看“乐于助人”的木偶。这个结果表明，6个月到10个月大的婴儿偏爱“好人”，讨厌“坏人”。

还有两个模拟情境同样证明，半岁大甚至年龄更小的婴儿也具有是非感。在一种情境中，研究人员设计了一个“玩具狗开箱子”的独角道德剧。一只泰迪熊帮助玩具狗举起箱盖，另一只泰迪熊却固执地坐在箱盖上阻止玩具狗打开箱子。在类似的另一种情境中，一只木偶猫与两只玩具兔正在玩滚皮球游戏。同样，一只兔子扮演“好人”角色，接到猫的皮球后把球滚回去；另一只兔子扮演“坏人”角色，捡起皮球逃之夭夭。

两个实验结果都显示，半岁大的婴儿大多站在“好人”一边。通过这些实验，布卢姆认为，人类的道德不完全是后天习得的，也是与生俱来的。

看完了这些实验报告和录像，不禁感叹，孔老夫子几千年前就宣称的性善论，还真是有其科学道理啊！

二

我不禁想到了自己小时候的某段经历。因为印象深刻，令人终生难忘。

有一次，家里来了客人，妈妈让我再去多买些吃食招待。客人见我熟练地拉开抽屉，拿出钞票，不禁对着我妈妈惊叹：“天哪，你们家放钱的抽屉居然不用上锁啊？小孩子不会随便拿去乱花吗？钱少了怎么办？我们家可不敢这样。”

估计是因为客人那一连串的惊呼，所以记忆才如此深刻。

是的，那还是物质极其匮乏的20世纪70年代，对于需要养育三个孩子、负担双方老人的“臭老九”教师家庭，钱的稀缺性和重要性不言而喻。我的父母竟然这样大胆，钱放在不上锁的抽屉里，让我们自己去拿。这里边，蕴含着父母对孩子们多大的信任，以及对人的本性善良的执念，特别是在那个群魔乱舞的年代。

妈妈是怎么回答的，我已经忘记了。但是，父母教育孩子的真谛，我却秉承了。那就是，相信人性本善，相信孩子本来就是好孩子。

所以，我们家的零花钱，也是放在不上锁的抽屉中，孩子从小也是自行取用。

三

家长若是认为孩子好，孩子会变得更好。我们学过心理学的都知道，其实这就是典型的罗森塔尔效应。

心理学家罗森塔尔曾来到一所小学进行实验。他从一至六年级各选了三班，对这些班的学生进行了所谓的“未来发展趋势测验”。之后罗森塔尔将一份最有发展前途的名单交给了校长和相关老师，并叮嘱他们务必要保密，以免影响实验的正确性。

8个月后，罗森塔尔和助手们对学生们进行复试，奇迹出现了：凡是上了名单的学生，成绩进步很大，并且性格活泼开朗，自信心强，更乐于和别人打交道。

其实，名单上的学生，都是罗森塔尔随机挑选出来的样本。但是由于他的“谎言”对老师产生了暗示，左右了老师们对名单上学生的评价。老师又将自己的这一心理活动通过自己的情感、语言和行为传递给学生，使学生变得更加自尊自信，从而使学生在各方面得到了进步。

后来，人们把这种由他人——特别是像老师和家长这样的权威人物——的期望和热爱，而使人们的行为发生与期望趋于一致的变化的情况，称为罗森塔尔效应。

亲爱的家长，谁说教育孩子难？有时，简单到你只要相信自己的孩子是个好孩子。

四

现实中，大多数家长相信孩子的善良。可是，对于孩子的能力，就似乎有些吃不准了。

有个场景，也时常在我脑海中浮现。一次，我被朋友拉去参加一个聚会，其中有两个家庭特意向我请教一些教育孩子的建议。

攀谈下来，这两个家庭情况差不多，都是事业很优秀的家长，养育了学业很成功的女儿。两个孩子现在都在美国读大学。在我看来，两个孩子谈吐恰当，言行合礼仪，看不出有什么需要“改善”的地方。

可是，从父女之间的对话中，又总能感觉到有点儿不太对劲。比如，当父亲说话的时候，孩子的眼神和父亲没有交流，很淡漠，甚至有些排斥。

再仔细听下来，两个父亲滔滔不绝所讲述的，都是对孩子成长的关切：大到未来的专业选择，小到回程的机票，无不做出规划和安排，正确合理到似乎无懈可击。是的，以这两位爸爸的智商和人生经历，替孩子所想所做的，当然都是一些最优选项。

“可是，我们的孩子，怎么就是不买账呢？有时还不听话，甚至要对着干呢？”两位爸爸说着都不禁摇头叹息，万般失落地出去抽烟了。两位妈妈则紧盯着我：“这就是我们要找你咨询的问题。”

我说：“问题不复杂，主要原因在于爸爸不相信孩子可以做出正确的选择，父亲对女儿缺乏信任。”

谁承想，话音刚落，我身边那两位亭亭玉立的大姑娘，竟然同时间泪如雨下。她们哽咽着诉说，爸爸的不信任是如何挫伤她们的自尊以及自信。顺从父亲的安排，使她们缺乏成就感；而对父亲的爱，又使她们隐忍，所以过得一点儿都不快乐。

五

是什么触动了那两位姑娘的心事，让她们无法矜持，潸然泪下？

其实，本质上还是父母对子女间的信任缺乏。除了相信孩子本性的善良，我们还要相信孩子有能力应对他所面临的大千世界。有句俗语不是说过吗，“每个人都是带着口粮来到这个世界的”。

所以，当孩子年纪轻轻就一个人闯荡世界时，我们能做的，不过是帮他备齐行囊。还有，就是对孩子品行和能力的信任。

孩子，我相信你，所以放心让你远走高飞。

叁

静　候

有关孩子的

品格，

自尊，

兴趣，

自由，

以及保持童心

两 难

品格教育，每天都有新挑战。

虎年的最后一天，带着婆婆和女儿参观世博园中国馆后回家，碰上一位绕道的司机，我说了几句。司机却很不服气，认为他比我更懂上海的路，又加上上海人是不会欺负外地人的评论，令我十分不满，于是就措辞激烈地回了几句，还指出了正确的走法。司机大约没想到我虽不会说上海话，路线却比他熟，立刻转变态度，说是大过年的，请不要计较了。

事情本可以这样结束了。可是，我的女儿在后座说话了："是呀，妈妈，你是太计较了，走错了也没什么关系。"刚刚熄灭的火又蹿出来了，我忍不住说她："小朋友不要瞎掺和。难道没有对错之分了？"女儿说："可是，条条大道通罗马。"

看到司机憋不住地一脸得意，我的火苗蹿得更高了，忍不住说："小朋友，你有没有良心，你帮谁？"女儿坚定地说："谁对我帮谁。"

这时，婆婆说话了："小孩子要有规矩，要听大人的话。"

女儿极其清晰地回答："不，我们家从来没有小孩子要听大人话的规矩。"

看到婆婆瞠目结舌的样子，我百口莫辩，只好说等回家仔细辩论。

二

其实，即使回家我亦无法再跟女儿争辩。因为只要提小孩子要听大人的话的要求，女儿的问题马上就跟来：难道大人错了也听大人的吗？

可是婆婆真的不知我们母女的规则。她觉得孩子的做法极其不敬，认为我的教育方式极其错误。她不知道，我们家向来鼓励独立思考，大人与小孩平等，对与错的判断根据在于是否有道理，不在于年龄。

“小孩子难道可以这样对待大人？”婆婆很是不悦。这不是一点儿规矩都没有了吗？是的，当我遇到麻烦的时候，女儿竟然会不帮我说话，很失颜面呢。

三

我不怕丧失颜面，所以回家还是要当着婆婆的面和女儿谈刚才的问题。争论的焦点当然不在于女儿是否要听大人的话上，也不在于她是否给妈妈帮腔，而在于，她为什么会认为司机绕道这件事我们可以不计较。她做出这个判断的根据是什么？

仔细交流后得知，首先女儿认为司机可能没有绕道，因为之前爸爸也带她走过这条路线。其次，女儿认为司机态度平和，而妈妈语气生硬。按照她的经验，无理取闹的人才会这样以势压人。所以从二者争论的态度看，应该是司机有理。她说：“妈妈，你不是一直教育我对人态度一定要和蔼吗？即使和人家争论的时候，也要有理有据，有理不在声高。你刚才的声音比司机高，我得出来的结论就是司机对而你错，所以我不会帮你的。”

关于是否真的绕道，答案已有，女儿已知司机确实错了，因为他主动提出少收我们的车费。关于妈妈的态度问题，我也意识到确实不好。所以按照女儿的推论方式，不帮妈妈说话倒也应该。

虽然女儿这样做我很不爽，可是，我认了。既然从小我就教育她不要人云亦云，要独立思考，自己为自己的事情负责。所以，我得尊重她的选择。

四

可是，女儿这样的做法真的让我在婆婆面前没有脸面。我感觉自己像是个搬起石头砸自己脚的傻瓜，口口声声鼓励女儿独立思考，到头来却导致女儿“六亲不认”。

这样的尴尬时刻，你遇到过吗?

我自己经常陷进这种教育泥沼。在道德教育上有一个专有名词，称之为道德两难。最著名的就是科尔伯格的海因兹偷药实验。

有个妇人患了癌症，生命垂危。医生认为只有一种药才能救她，就是本城一个药剂师最近发明的镭。制造这种药要花很多钱，药剂师索价还要高过成本10倍。他花了200元制造镭，而这点药他竟索价2000元。病妇的丈夫海因兹到处向熟人借钱，一共才借得1000元，只够药费的一半。不得已，海因兹只好告诉药剂师，他的妻子快要死了，请求药剂师便宜一点儿卖给他，或者允许他赊欠。但药剂师说：“不成！我发明此药就是为了赚钱。”海因兹走投无路竟撬开商店的门，为妻子偷来了药。

讲完故事后，研究员向被试者提出下述问题：这个丈夫应该这样做吗？为什么应该？为什么不应该？法官该不该判他的刑，为什么？等等。通过实验发现，大约在学前至小学低中年级的孩子，主要着眼于自身的具体结果。大约自小学高年级开始，孩子会选择习俗的规则与服从性道德，主要满足社会期望。大约自青年末期接近人格成熟时开始，遵从自我接受的道德原则，主要履行自己选择的道德标准。

五

我曾给女儿讲过这个实验，并且问她："假若你的好朋友犯了罪，逃到你家求你收留，警察来追查时，你怎么做？跟警察说实话还是替朋友遮掩？"

女儿说："当然是说实话了。"

我再问："如果犯罪的那个人是妈妈呢，你怎么办？"

她说："我还是会把你交给警察的，我会陪你去自首，因为这才是真正地帮你。"

这是一个12岁的孩子的答案。

面对这样的回答，虽然我心中失落，似乎隐隐作痛，却也十分欣然。

因为，在个性发展上，她已开始学会听从心中的良知。她已不再需要别人的监督，自律会时刻审视她的行为。将来无论她走到哪里，我无须担心她在这方面犯错。

亲爱的家长，面对这些尴尬时刻，你们准备好了吗？如果你知道，总有一天他们会飞走，你何不在飞走之前就训练他们独自觅食呢？

当然，这很难。更难的是，你如何辨识和寻找放手的时刻。

其实，这些时刻每天都存在，当你和孩子面对纷繁世界，面对学校同学，面对亲朋好友，甚至只是一次出租车上的争论，这样的时刻一定会出现。

一路走来，有时感觉家庭教育就是不断地和孩子斗智斗勇。没有休止。

我已经知道，每天都是新挑战。每个尴尬时刻都是机会。

附录：科尔伯格道德发展的三水平六阶段

水平1 前习俗水平（大约在学前至小学低中年级）：主要着眼于自身的具体结果。

阶段1——服从与惩罚定向：这种定向是为了逃避惩罚而服从于权威或有权力的人，通常是父母。一种行为是否道德是依据它对身体的后果来确定的。

阶段2——朴素的快乐主义与工具定向：这一阶段儿童服从于获得奖赏。尽管也有一些报偿的分享，但也是有图谋，为自己服务的，而不是真正意义上的公正、慷慨、同情或怜悯。它很像一种交易："你让我玩四轮车，我就把自行车借给你。""如果让我看晚上的电影，我现在就做作业。"

水平2 习俗水平（大约自小学高年级开始）：习俗的规则与服从性道德，主要满足社会期望。

阶段3——好孩子道德：在此阶段，能获得赞扬和维持与他人良好关系的行为就是好的。尽管儿童仍以他人的反应为基础来判断是非，现在他们更关心他人的表扬与批评而不是他人的身体力量。注意遵从朋友或家庭的标准来维持好的名声。开始接受来自他人的社会调节，并依据个人违反规则时的意向来判断其行为的好坏。

阶段4——权威性与维持社会秩序的道德：在这一阶段，个体盲目地接受社会习俗和规则，并且认为只要接受了这些社会规则，他们就可以免受指责。他们不再只遵从其他个体的标准，而是遵从社会秩序。遵从一系列严格规则的行为就被判断为好的。大多数个体都不能超越习俗道德水平。

水平3 后习俗水平（大约自青年末期接近人格成熟时开始）：自我接受的道德原则，主要履行自己选择的道德标准。

阶段5——契约、个人权利和民主承认的法律的道德：这一阶段出现了以前阶段所没有的道德信念的可变性。道德的基础是为了维护社会秩序的一致意见。因为它是一种社会契约，当社会中的人们经过理智的讨论找到符合群体中更多成员利益的替代物时，它也是可以修正的。

阶段6——个体内在良心的道德：这一阶段，个体为了避免自责而不是他人的批评，既遵从社会标准也遵从内化的理想。决策的依据是抽象的原则，如公正、同情、平等。这种道德是以尊重他人为基础的。达到这一发展水平的人将具有高度的个体化的道德信念，它有时是与大多数人所接受的社会秩序相冲突的。

尴尬

品德教育让位分数的尴尬。

在学校，经常听到老师说现在独生子女太难教，他们知道的东西不少，但思想素质却令人担忧。老师们认为，这很大程度是受了不良家庭教育和社会风气的影响。学生在校时，老师苦口婆心教给他们做人的道理，让他们懂得学习的重要性，努力培养他们良好的学习和生活习惯。但一回到家，有些学生很容易学坏。如有些家长赌博，有些家长对孩子过分娇纵，再加上电视、网络上的消极内容，道听途说社会上的八卦新闻，仅仅2天，家庭和社会的不良熏陶，就足以使学校对学生5天的正面教育化为泡影，形成“5＋2＝0”的效应。

而在一些家长眼里看到的却是另外一番情景，很多家长认为现在学校的教育风气是每况愈下。很多家长认为，作为父母把孩子的教育看得比什么都重要。为了让孩子好好学习，他们平时连电视都不看。为了让孩子懂得做人的道理，父母对孩子反复启发教育，可到了学校一旦受到某些坏孩子的影响，孩子的价值观就全变了。有些孩子才刚刚上小学，就知道当官捞钱好，因为班上的同学是这么说的，有些孩子甚至还嘲笑家长教育老土，说现在这个社会当好人就是受欺负……家长的诉说正好与学校老师所说的相反，成了“2＋5＝0”，即家长在家里对孩子的2天正面教育，很轻易就被孩子在学校5天中受到的负面影响所冲淡。

到底是“5+2=0”还是“2+5=0”，确实是一个让人难解的教育尴尬问题。应该说，为教育好学生，绝大多数老师都是尽心尽力，想出各种办法，让学生成为德、智、体、美全面发展的好学生。对家长而言，孩子是他们的希望，谁不想让自己的孩子学习好、身体好、品德好呢？所以既不能说家长不负责任，也不能怪老师不尽天职。

二

我以为，尴尬存在的主要原因在于老师和家长对孩子的教育和管理存在空当，学校教育和家庭教育没有同步协调进行，导致某些社会不良风气无孔不入，存在于家庭、学校以及社会各个方面，这些不良因素对孩子进行着负面影响，才导致了所谓的“5+2=0”和“2+5=0”的教育尴尬。

首先，由于学校、家庭、社区对学生的教育管理脱节，导致青少年思想道德教育出现了空隙。调查表明，我国6～14岁的少年儿童闲暇时有父母相伴的时间趋向减少。1999年，在空闲时间里，28.7%的少年儿童有母亲相伴，10.1%的少年儿童有父亲相伴；2005年，只有22.6%的少年儿童有母亲相伴，有父亲相伴的少年儿童仅为6.9%。加之一些社区缺少青少年活动的场所，学校无力管好学生校外活动，家庭放松对孩子的教育管理，使一些学生在校外处于无人管、无人问的状态。在有些社区，学生脖子上挂把钥匙满街跑，整天泡在游戏厅和网吧里，或者三五成群到处闲逛，打架斗殴，甚至有的误入歧途，走上犯罪道路。

其次，家长过分依赖学校教育，忽略了从精神上关心孩子，尤其是与孩子进行平等、积极有效的沟通。中国人往往比较含蓄，不鼓励个人表达意见。

无论家长还是孩子，不习惯于公开表达内心感受和想法，容易导致亲子沟通障碍。有调查显示，在中、日、韩、美四国中学生中，我国高中生和父母聊天时间最短。82.0%的日本高中生、73.8%的美国高中生、70.1%的韩国高中生表示“经常和父母聊天”，只有54.8%的中国高中生表示“经常和父母聊天”。由于缺乏有效的沟通，不少中国高中生觉得烦恼无处可诉，会在家庭以外寻找精神寄托，上网聊天、交友等成为必然选择，而这极易引发交友不良并受同伴的负面影响。

最直接的原因恐怕在于，在不少学校和家庭中，分数仍代表一切。据调查显示，70%的家长对“只要孩子的学习好，其他什么都不重要”持完全同意的态度；有80%的家长辅导过孩子学习，但对学习以外的内容很少过问。对学校而言，当前对老师的考核很大程度上是以学生的成绩为依据，所以分数不仅是学生的命根，也是老师的脸面。在这种重智轻德的错误观念下，孩子的社会经验和实践经历，参与社会活动和社区建设的意愿和积极性很低，慢慢会形成“只有读书高，事不关己，高高挂起”的生活习惯，长此以往，将会有很多负面的问题产生。

三

道德教育起作用的方式，主要依赖的是对受教育者进行潜移默化的影响作用。我曾在公交车上看到过这样一幕。爸爸和女儿坐在公交车上，途中上来一位老人，爸爸连忙起身让座。过了一会儿，一位孕妇上车了，女儿也急忙跳下座位让座。所以说，教育者的行为对孩子起着至关重要的榜样作用。他们的一言一行，即便是最微小的细节，都会被孩子分毫不差地记在心里，并在某些时候表现出来。所以品德教育的焦点不在于学校5天和家庭2天的问题，而在于教育者做出什么样的行为榜样以及如何实施影响的问题。

对青少年发展而言，他们每天面临的是一个大的综合的成长环境，这需要学校、家庭和社区三方面共同努力，构建三位一体的现代社会大教育体系。而且学校本应是一个开放的系统，要不断与外部教育环境互动交流才能取得育人效果。只有三者的融合和多元互动，才能最终实现教育目标。

特 权

从什么人享有特权，

可以管窥道德教育的秘密。

看多了当下所谓权力阶层的很多特殊待遇，不由得想起了在美国旅行时看到的“特权”。那里所有的剧场、影院等公共场所都有给身体障碍人士的专用位置。在公共停车场，最方便的停车位置也是留给身体障碍人士的。这在美国可是个不小的荣誉。要知道，在加州理工，获得诺贝尔奖的科学家才会被奖励这种出入方便的车位。

给女儿印象很深的，是在美国奥兰多的迪士尼乐园时，身体或智力存在障碍的特殊人士拥有很多特权，让经常排长队等候的她十分羡慕。

迪士尼最漂亮的烟火表演是在湖中举行的，由于有配乐和巨大的喷泉相配合，烟火晚会很壮观。游客很早就等在湖周围，沿湖滨围起个大圆圈，有点儿摩肩接踵的味道。我们发现，最好的观赏位置却相当宽松。毫无悬念，这是留给身体或智力有障碍的特殊人士的专门区域。

在很多活动景点，他们一般都有专门的通道，不需要排队，随到随玩。我还记得在某处热门活动点排队时，看到一个有智力障碍的小孩，玩了一遍后还要再玩一遍。排队等候的人群都报以微笑，也没有人出来表达不满。倒是孩子的妈妈在给孩子解释，再多玩一遍对别人是不公平的。人群中有声音说："就让他再玩一遍吧。"那时候，人群中的大多数人已经等候了至少一个小时。

可是，他们为什么这么有耐心？我以为，这和他们从小受到的教育熏陶有关。

二

记得第一次送女儿去美国小学插班就读时，是校长带我们去教室的。因为是暑假，只有暑期班，孩子不多。暑假班也是混合编班，两个年级也就十几个学生。

我们到了四五年级的教室，正好有一位老师在上课。校长将我们介绍了一下，老师表示热烈欢迎，又让女儿自我介绍名字和年龄，其他小朋友也纷纷介绍了自己，却看到正好有一位小朋友在发脾气。我发现老师很耐心地问她愿不愿意现在介绍自己，小姑娘摇头，老师也不强迫，直到最后她自己愿意为止。

后来女儿恰好与那位小朋友同班。女儿说，每当她来上课时，就会有一位专门的老师陪着她。原来她是一位特殊儿童，在人际交往方面有些障碍。她在学校得到了很多的关爱。记得我第一次按照预约时间去开家长会时，看到有位家长已经在那里。我以为很快就会结束，没想到她和老师谈了一个多小时，比预定的时间长出很多。原来是那位特殊儿童的妈妈。

就是这位特殊儿童，虽然人际交往上有些情绪障碍，可是在智力上十分正常，尤其是在数学上还小有天分。女儿告诉我，每当她解出数学难题，老师都会予以奖励，而且会专门问她，想要什么样的奖励，并予以满足。有一次，小姑娘想要的奖励是坐在老师的椅子上。老师果真就让她坐到自己的宝座上，还转了三圈。

我在学校还看到有一些身体障碍的儿童。比如有一位很漂亮的小姑娘，一直笑眯眯很快乐地和女儿在学校的游乐园玩耍。她爸爸告诉我，她是个聋儿，她在学校接受特殊的辅导，但大多数时间和正常的小孩在一起，所以看上去和正常人没有两样。

我听女儿说，还有坐轮椅的小朋友，有时也会和他们一起上课。查了资料，才知道美国的残障儿童大多数上的是正常人的学校，但是在学校有特殊的班级，每个人都有专门的老师照顾，甚至上门接送。他们这样做的目的是保证这些特殊儿童在大多数时间和正常儿童在一起生活。

所以我看到上次那个有听力障碍的儿童和正常人基本一样。如果家里有了身体或者智力障碍的孩子，需要报告给政府，政府会派人照顾他的一切。这样的教育体系，要多大的代价！

三

学校对这些特殊的孩子十分尊重。我印象很深的一次是，作为观众观看学校组织的文艺表演。观众席上五花八门，有吃奶嘴的小毛头，也有白发苍苍的老奶奶。总之是能来的亲戚朋友都来捧场，所以观众席上坐得满满的，一片欢乐融融的气氛。这可是真正的重在参与。

那次演出的主题是音乐和舞蹈。先是三年级的小朋友们吹笛子，每班吹一曲，很简单的，但是家长们的掌声都很热烈，还吹口哨叫好。接着是四年级的乐队表演，水平并不高，但同样是掌声雷动。再就是女儿所在的五年级的乐队了，总算有点儿音乐的意思了。女儿是吹长号的，在台上扬扬自得。每个孩子都扬扬自得。在这里，高兴就是高兴，没人会说你得意忘形的。

最后的节目是韵律操，其实没有什么难度，但是节奏感很好，有专门的钢琴老师配乐。队伍中有一个小姑娘，一直比别人慢半拍，我很纳闷。后来女儿告诉我，那是个聋儿。原来就是我上次在游乐园碰到的那个小姑娘。怪不得她的节奏比人家慢，原来她是靠看到别人的动作，然后再做出反应的！

我当时非常感动，十分佩服学校老师对特殊儿童的教育和关爱！他们能让一个聋儿一起参加集体表演，尽管表演看上去有些不合拍，不整齐，但这其中蕴含的精神力量是多么强大！我深深地感到他们爱孩子是落实到每一个细节中的。

我曾和别人讨论对特殊儿童的教育问题。因为在这里，这些有残障的特殊儿童享受的教育机会与正常孩子完全平等，甚至占用了更多的教育资源。比如，在女儿的学校，有许许多多从事特殊教育的老师，他们基本都是一对一服务。这样的投入，是否值得？

但是女儿给我讲的一些事情彻底打消了我的短见。女儿说，这些孩子除了文化课单独上，其他很多活动都是和正常孩子一起的。正常的孩子会在活动的时候，陪着特殊儿童玩耍，帮助解决问题。女儿说，当这些身体或智力有缺陷的小朋友和他们一起玩耍时，大家就要花很多时间照顾他们。大家轮流陪着他们玩，小朋友们都变得非常有耐心。

可见这种融合式的特殊教育项目，不仅为特殊儿童提供了平等、充分的教育机会，更为正常的孩子提供了培养爱心的机会。

这难道不是培养孩子高尚道德情操的最好的教育方式吗？这样的方式，让孩子们从小就知道，世界上有那样一批人，与自己不一样，他们需要关爱，也需要尊重。因此孩子们渐渐地将此当成一种习惯，一生坚持。

所以当回国后，有人问女儿，在美国什么人权利最大时，她脱口而出：是身体和智力有缺陷的人，他们在任何时候都有优先权。

我们什么时候才能走到这一步？

所以有时不要责怪现在的孩子缺乏爱心，而是应该反思一下，大人们是否给予了他们足够的锻炼机会？

善待别人，也就是善待自己。因为我们都是人家眼中的那个“别人”。

作为家长，我们应该珍视生活中点点滴滴的教育机会，让孩子养成善待别人的良好习惯。

社会文明其实就是从这些点滴小事开始的。

静候

“孩子，我可以帮你吗？”
这样问，是因为我知道，
即使帮助孩子，也要首先征得孩子的同意。

一

几年前，我的小侄女璐璐从美国回来探亲。她已满三岁，但是中文说得并不成句，最流畅的一句话是在喊哥哥吃饭时说的：“晗晗，饭饭！”英文倒是说了很多单词，但也有些含混（也可能是我英文听力水平有限）。最清楚的一个单词是：“Mine”（我的）。

这很自然，稍有教育知识的人都知道，孩子三岁左右会进入自我中心的发展阶段，其表现就是会说代词“我”，以及将世界上所能接触的一切皆宣称为“我的”。璐璐正处于这个阶段。

璐璐是典型的在美国长大的孩子，吃饭不用喂。她一岁多的时候，我去美国看她，曾震惊于哥哥嫂嫂的保育方式。比如，吃饭时璐璐也坐在餐桌边，面前是专用的小饭板。吃饭前大人只需将饭板清理干净，然后将食物撒在饭板上。璐璐则用手抓饭，吃得津津有味。

我很为侄女鸣不平。但是嫂嫂说：“美国幼儿园没有老师管喂饭，一切靠自己。不管什么方式，她自己能吃东西就好。”

两年过去了，璐璐现在吃饭已经不再用手，改用匙子，她可以安静地吃完自己小碗里的食物。联想到国内的许多大人追着孩子喂饭的方式，我佩服嫂嫂的先见之明。

我又发现，当璐璐快吃光时，会捧着小碗来到妈妈面前说："May I help you？"（我可以帮你吗？）嫂嫂就接过来，用汤匙将饭碗刮干净，把最后的米粒汇在一起，喂给她。

我看得稀里糊涂，到底谁帮谁啊？嫂嫂又解释了："在幼儿园，吃饭每吃到最后，老师会来问小朋友，我可以帮你吗？征得同意后帮助小朋友把碗刮干净。"所以璐璐知道，吃饭不能剩，老师可以帮忙完成自己做不到的事情。

是啊，小孩子很多时候是依赖大人的。可是，大人在帮助他的时候，是否顾及了小孩的感受？是否征得了他的同意？

璐璐的一句话，又给我上了很好的一课。

我禁不住反思自己的教育方式，回顾和孩子相处的十几年，我是否做到像那位幼儿园老师一样，即使在帮助孩子的时候也能照顾到孩子的自尊？

坦白地说，我没有做到。可是，我愿意从知道的这一刻起就开始改变。

三

所以，当女儿最终决定放弃声乐七级考试时，我坦然接受。

之前，我还没有这样宽容。

女儿从小学三年级开始，被音乐老师看中，选到学校的合唱团。大概是为了不辜负这份荣誉吧，女儿要求参加少年宫的合唱兴趣班，以增强自己的实力。

徐汇区少年宫的兴趣班，大约有30个孩子，来自徐汇区各个中小学。他们每周末训练一个下午，有时也出去参加比赛。女儿被分在中音部，个子小小的，是合唱团里的“小菜鸟”。

每次女儿训练后去接她回家时，在门外听到孩子们发出的优美和声，让人十分陶醉。可是，我发现女儿参加合唱团，更在意和小朋友玩。她认识了很多人，每周在一起会叽叽喳喳沟通各个学校的作业量，以及八卦自己的老师和同学。

女儿去唱歌，是醉翁之意不在酒吧。所以我取笑她是滥竽充数时，她也不在意。

我们也不觉得非要什么结果才好，只要她开心就好。

唱了一段时间，她渐渐成了小主力。等到声乐考试时，老师建议孩子们都去报名，我们才知道声乐居然也有等级考试，也才知道，很多家长让孩子们来合唱团也是有目的的，就是要一级一级考上去，对将来孩子升学有帮助。因为好的中学都有合唱团，甚至有声乐特色班。

女儿就随众人去报了名，考出了四级。可是，她不喜欢考级。又过了两年，尽管还是不喜欢考级，在老师和我们的压力下，她还是去考了六级。她现在是合唱团的主力了，已是老师重点关注的对象。老师发现，小姑娘唱歌是有潜力的，对她的要求自然也高起来，她对音乐的兴趣也上来了。每到周末去唱歌，似乎是一种享受。

我们以为，像她这样喜欢唱歌，又有能力唱好，会按部就班地一级级考上去吧。可是等又到考级的时候，她说“我不想考级”。

我十分吃惊，也略感失望。虽然唱歌考级不是目的，可是像她这样断了考级真有些可惜。何况，她真的喜欢唱歌。因此我去找老师商量，希望老师能适当干预。

老师说："你唱得很好呀，为什么不去考试呢？不考试人家怎么知道你的水平呢？"女儿还是不肯。

我知道强扭的瓜不甜，只好由她。

女儿仍然每周开开心心地去唱歌，高高兴兴地回家。有时也和我们交流一下老师新教的发声方法。她高兴起来唱两嗓子，我会赶紧捂住耳朵，因为声音实在太响。女儿说："这叫共鸣。我的水平还不高，那些高人的声音能把玻璃震碎。"

侄女的话我还记得。所以我已经知道要尊重她的意愿，于是接下来没有再提考级的事。我也没有限制她的任何音乐活动。当她比赛的时候，我仍会去热烈鼓掌，分享她的喜悦。生活没有因是否有高一级别的声乐证书而改变。

我这样淡定，是因为我已经知道了，即使要帮助孩子，也要首先征得孩子的同意。

等到今年秋天，女儿自己提出来，要去考级，而且要考业余最高级九级。我不敢相信自己的耳朵。跳级考，难度很大，行吗？

看到女儿信心满满的样子，我知道，她已做好决定。然后是考试之前每日听她辛苦地练习。不需要督促，因为这是她自己想要的。

结果是，她通过了考试，拿到了九级证书。我抚摸着这张证书，百感交集。

花开有时，作为父母，有时你只需静等花开。

三

很小的时候，我就知道，好吃的苹果可能是不好看的。比如，被虫子咬过的苹果虽然留有疤痕，却往往分外的甜。

现在，我的这个从实践生活中得出的朴素真理，已经为大多数人所接受。比如，去菜场买菜，内行的人要去挑有虫眼的菜，这样的菜被认为是安全又美味的。这种蔬菜现在被称为有机蔬菜（Organic）。有机蔬菜在超市里有专门的货柜单独陈列，价钱要比普通的蔬菜高出至少30%。

可是，你去看那些有机蔬菜的卖相，并不比普通蔬菜的好。那些普通的蔬菜，大多数是被种植在大棚中的，可以反季节出品，看上去青翠欲滴，十分惹人。可是，在价格上它何以与长相难看的有机蔬菜难以匹敌呢？

记得大学时，大家特别喜欢在一起寻找和评论美女，对美女的评价常使用一句话是："她的……真是太美了，美得像假的一样。"

是的，我们往往对过分完美的东西有不真实之感。我们其实知道，世上大多数人与事其实是不完美的，比如，我们常说红颜薄命。

可是，轮到我们对孩子提要求时，我们多么希望自己的孩子是世界上最完美的。就像我的女儿在朋友孩子的周岁宴上所说："希望他长得像姚明一样高，跑得比刘翔还要快，脑袋比司马光还聪明……"

或者，即便比不上这些人，孩子，你得比得上隔壁家的孩子吧！"你看，隔壁的弟弟多用功，放学后从不出来玩的。""你听，楼上的姐姐今天早上7点就开始练琴了。""据姥姥说，表哥这次又考了第一。"……

可是，你知道那个隔壁家孩子的遭遇吗？他正为自己不善于交际被妈妈批评。隔壁的妈妈这样说弟弟："你看隔壁的姐姐多好呀，和谁都能玩到一起。你看你，闷头读书是不行的，要多出去和人沟通。"

亲爱的家长，你的要求让孩子们是如此无所适从，缺乏自信。因为，他们都生活在自己隔壁家的那个完美孩子的阴影之下。

可是，既然你知道，连蔬菜都要买带虫眼的，为什么在对待孩子上，你一定要去挑剔到没有瑕疵呢？你自己呢，也是十全十美吗？没有瑕疵的生活真实吗？

回到养育孩子上。

别人夸奖我的孩子为阳光女孩，问我们有何方法。我和先生莞尔作答："放养！"

我们拒绝英语训练、奥数竞赛等和成绩以及证书有关的学习辅导班。

在我看来，参加这些辅导班的孩子，宛如关在养鸡场的小鸡，被填塞进各种饲料。他们能飞快地长大，可是，他们不强壮、不健康。

当这些园子里的孩子们在努力学习吃各种配方的"食物"时，我的孩子在玩。因此当园子里出来的孩子们各个考试成绩惊人时，我的孩子被比下去了。好比是有机蔬菜的卖相比不上大棚菜一样。

可是，我相信有机菜总有被大家认可的时候。

正如经书里所唱的：凡事都有定期，天下万物都有定时，生有时，死有时，栽种有时，栽种拔出亦有时……

你已经知道去菜场买菜要买带虫眼的菜，你现在也知道了，要尽量吃时令蔬菜，因为反季节蔬菜大多含有催熟剂。你还知道，菜场里那挂着黄花的黄瓜，十有八九被抹过某种成长素。因为正常的瓜类成熟以后是不会带花的，所谓瓜熟蒂落也。

可是，你可不可以用同样的态度来对待正在成长中的孩子？你不要把他送进培训班，你不要给他吃生长素。你让他自然生长，长得慢，没有关系，长得不好看，也没有关系。

园子里培育出来的和自然生长的，你认为哪一种生命力更强？

关注成长，淡化分数

分数只代表孩子某阶段某种知识学习的结果，

不能替代孩子发展本身。

在一段时间，我这个一贯比较淡定的人，居然有点儿小焦虑，因为体重问题。在经历了运动、控制饮食等方法后，当我满怀期待踏上体重计的那一刻，指针所向竟然与以往差别不大。

我宽慰自己，可能坚持的时间还不够长。好吧，继续运动，控制饮食，不断踏上体重计。可是，指针依然在某处岿然不动，一种失落感油然而生。

而且，期待越大，称重的频率越高，失望也越大，焦虑感悄然滋生。

好吧，且不去管体重计上的那个数字，继续运动，合理饮食，作息规律。一段时间过去，不经意间踏上体重计，发现自己的减重目标居然也实现了。

其实，为了达到目标，我采取的措施基本与此前相同，只不过，我的眼光没有紧盯着那个数字，而是放下焦虑，把时间和精力用在改变生活习惯、养成健康的生活方式上。

换句话说，只要状态放松，做正确的事情，目标实现便指日可待。而只去盯着那个量化的数字，反而容易期待落空。

二

培养孩子，又何尝不是如此。

很多家长喜欢和孩子探讨学习成果以及学习目标，最好用的工具无非是分数。

放学路上，常可以听到这样的对话。

家长：“今天数学考了多少？”

孩子：“89分。”

家长：“怎么连90分都没有？你们班最高分是多少？”

当家长听说有满分时，大多不再淡定，行色匆匆拖着孩子回家做试题去了。

貌似打过鸡血的家长，除了用分数，还喜欢用名次。

家长：“今天数学考了多少名？”

孩子：“不知道。”

家长：“那么第一名是谁？”

……

分数和名次，就好比那个体重计上的数字，似乎让孩子之间的高下优劣陡然分明，让家长和孩子的心也顿时焦虑起来。

其实，在89分和90分之间，孩子的学习水平到底能有多大差别？可是，因为有具体量化的数字，就方便比较。一比较，焦虑就不请自来。

尤其是，当分数作为一种筛选工具时，这些量化指标中的分毫差别，甚至可以改变人生前进的方向。

不是吗？我们的高考分数线，对那些落榜的学生，就是一道人生的鸿沟！

三

在这个一切都进入数字化的时代，要回避量化指标真的很难。现在各学校的计分评价标准也是越来越精确了。除了原始分，还有标准分，排名还要算百分比排位。我们的高考计分方式，和美国的SAT计分方式也是越来越接近了。

然而，一般的教育和好的教育的差距，不在于计分方式是否精确，而在于如何对待分数。

在中国，分数几乎是进入大学的唯一标准。为了进入好大学，大多数老师、家长和学生的注意力几乎都集中在学习成绩上。我曾采访过近百名美国的校长、老师和家长，问他们如何看待分数，发现他们的观点和我们还是有很大差别。

美国大多数人认为用分数衡量孩子的学业很愚蠢，因为每个学生不一样，成绩说明不了任何问题。他们普遍认为，孩子的自我认同感、自信心、冒险精神、百折不挠的精神和勇气等才是最重要的。即使在学校具体的课程上，课程设计也注重培养学生发现问题和解决问题的能力而非成绩。他们不看重一次考试成绩，而是注重学生的思维训练，培养学生的学习兴趣，养成良好的学习习惯。

甚至有些研究认为，连数学和科学的能力都无法用考试成绩鉴别。比如，遍布高等工程、计算机、数学和物理学领域的美国白人男性，只有不到1/3的人在SAT数学考试中取得650分以上的成绩，而大于1/3的人SAT数学低于550分。在最高科技层次领域里，科学成就和考试分数也没什么关系。

还有学者研究了PISA考试成绩和创造力的关系，发现在PISA得分较高的国家，其企业家精神及创新的能力不高，而且似乎呈现反比趋势。这些实实在在的数据让美国人相信，考试分数真的是“没什么大不了”的。

四

所以我说，一个家长是否称职，要看家长对待如分数这些量化指标的态度。

有智慧的家长，往往会淡化分数、名次等这些量化的指标，而是把精力用在孩子的身心发展等非智力因素上。因为他们深知孩子不是机器，不可以只用这些冷冰冰的数字来衡量。他们把重点放在塑造孩子的品格和个性上，家庭中的沟通也主要围绕培养孩子自我审视的习惯、批判性思维、创造性想象，教会孩子用不同的角度和方法去思考和解决问题。

这些家长一般都认为，比分数更重要的是，孩子要身心健康，对自己有信心，对社会有担当。所以他们一般会模糊处理孩子卷面上的那个数字，而把精力放在孩子健康成长上，注意发现孩子的兴趣，培养孩子的良好生活习惯。

他们坚信，只要在做正确的事，目标定会实现，因此对于一些量化的分数以及名次，他们能时刻保持警醒。

五

好吧，我不是鼓吹分数无用论，而只是想表明，分数只代表孩子某阶段某种知识学习的结果，不能替代孩子发展本身。

就比如那个体重计上的数字，本身不能说明我的生活和身体是否健康。同一个体重数字，对有些人是胖，对有些人则是瘦。因为每个人身高不一样，先天的身体禀赋也是不一样的。这个道理，理解起来再容易不过。可是，换成孩子的教育问题，很多家长却似乎接受不了这个观点，都要求孩子必须向某个分数看齐。若是分数不达标，就开始急急忙忙地寻辅导班，请家教，目标是要把分数提上去。

假若这些措施都用上，孩子的成绩还没有变化，那种焦虑的心情，比我看着体重指标不动，恐怕是要超过N倍的。

为了缓解焦虑，家长能想到的似乎只有提高成绩。孩子的课业负担、学习压力，在提高分数的过程中层层加码。假使成绩还没有起色，家长会更加焦虑。而孩子的身心发展等教育的真正目标，则被弃之不顾。

若是家长眼里只有分数，对孩子发展而言其实是本末倒置。通过提高分数来获得孩子的发展，基本算是缘木求鱼。

可是，孩子在学校上学，在无法回避分数的情况下，家长该怎么教育他们正确认识分数这个评估工具呢？

我和自己孩子一直是这么说的：学习的目标不在于分数本身，而在于你通过学习得到了多少乐趣，长了多少本事。学习就像是你追着太阳在跑，分数就像是你的影子。只要你向着太阳前进，影子永远会追随你。可是你若是为了追逐影子，背着太阳，那么影子也会越来越弱。

通过这个拟人化的比喻，孩子在年龄很小的时候，就能理解学习与分数之间的关系，从而正确地看待分数，极少产生焦虑。

亲爱的家长们，你们不妨也试着这样去看待分数，帮助孩子去寻找他们心中的太阳，而不是让他们朝着自己的影子奔跑。

“无心”去插柳

兴趣爱好是促使孩子进步的原始动力。

一

我常常看到，有些家长恶补孩子的学习，可是最后收到的效果却往往不尽如人意，反而多了些有意栽花花不开的烦恼。

回想起来，女儿现在能拿得出手的一些特长，竟然都是无心插柳的结果。

比如，女儿是合唱团的主力，每次排练都是由她起音，还会弹钢琴以及管风琴。可是，她的父母对音乐都是门外汉。小时候女儿喜欢弹钢琴，就买来钢琴，也去请了老师教，可是没有强迫她一定要考级等，她断断续续地弹着，最后演变为一种长久的兴趣。

进合唱团也是她自己报的名。女儿小学三年级的时候，区里的合唱团来招生，她自己就去考了，一直跟着少年宫的老师，每周末去唱半天。我们也没有什么期待，因为看上去她和小朋友在一起玩乐的兴致似乎比唱歌还要高。谁知唱着唱着就成了小主力，还唱到国外去比赛拿奖。有一次，我去听他们合唱团唱歌，其中有一段领唱十分动听，舞台上暗乎乎的也看不出是谁在唱。演唱结束后我问女儿是谁独唱得这么好听。女儿朝我翻翻白眼说道：“你女儿的声音也听不出来吗？”可见，女儿的音乐特长确实和父母的培养没有关系。我们仅仅是给了她选择的自由，没想到结果倒是出乎意料。

还有她的体育特长，也是无心插柳的产物。女儿所在的高中，要求女孩子一定要参加一项竞技体育运动。女儿参加了游泳项目，还进了校队。因为她从5岁开始学习游泳，此后一直坚持下来，差不多每周游一到两次。起因是四五岁的时候，她经常咳嗽，被诊断为哮喘。医生说最好的方法就是游泳，能提高肺活量和身体机能。

女儿于是就这样被扔下了水。我仍记得刚开始时小小的她在水里扑腾的可怜样子，可是为了增强体质，狠下心大冬天的也得坚持下去。游了两三年后，哮喘果然消失了。游泳也随之成为她喜欢的运动。所以中考的时候考体育，她选游泳项目，比好多男孩子游得还快，不小心就得了满分。果然有童子功就是厉害。

二

可能有家长会说，上面这些都是课外活动，当然可以随便。可是，对于文化课，家长也可以这样放手吗？

我不得不说一说女儿学习汉字的奇葩经历。我是极其反对孩子提前学习认字、学拼音等一切和书本有关的内容的，当然在家也不会教。可是大约在孩子马上要上小学的那个暑假，我忽然发现她其实认识好多字，因为她能读出新课本上的课文。

可是，她是怎么学会的呢？回答竟然是靠看电视！女儿中班时被查出眼睛弱视，那个年龄的正常数值是0.6，她只有0.2，是远视，还有散光，可能一辈子都离不开眼镜了。医生要求孩子多用眼，比如穿珠子、看电视等。她那样顽皮的孩子，不肯静下心来穿珠子，只好给她看电视。

所以在我们家孩子看电视是不受限制的。女儿因此有机会看了无数的动画片，有英文字幕的，有中文字幕的，不知不觉就认识了好多字，还会说一些文绉绉的语言。所以每每看到有说电视影响青少年身心健康的报道，我总莞尔。其实看电视也不总是那么坏，关键是看什么，吸收了什么。

孩子的数学也是在游戏中摸索的。很小的时候，女儿喜欢和爸爸用扑克牌玩小猫钓鱼的游戏，其实是数字的比大比小，我们三个人一起玩争上游，玩得不亦乐乎。年龄再大一些，开始用扑克牌玩计算十三点的游戏和二十四点的游戏，就是随意抽出四张扑克牌，每张牌用一次，用任意方法计算得出13或24。直到现在，女儿还和爸爸比赛，看谁算得快。我觉得，女儿的数学成绩好和从小玩这样的数字游戏是有关系的，因为在游戏中她学会了动脑筋，琢磨方法。而这些正是学习文化课必不可少的能力。

三

女儿上学后，我们既没有陪做作业，也没有辅导过功课。孩子作业中遇到不明白的问题，让她到学校问老师，天长日久，倒是培养了孩子和老师打交道的能力。虽然开始上学时功课一般，学校生活却如鱼得水。女儿从小就知道得自己解决学业问题，便慢慢琢磨了一套学习方法出来。随着年级的升高，成绩倒是越来越好了，尤其在数理化方面显得很突出。可是语文成绩却一直平平。我们也不解，为何靠码字为生的父母，孩子却朝向了截然不同的发展方向？这也说明了，孩子确实在走自己的路，没有活在父母的“影子”中。

身边的朋友说，我们在女儿的成长中做了“甩手掌柜”。可是，女儿各方面的发展也过得去，看上去似乎有点儿无心插柳柳成荫的味道。其实呢，我们并不是真的“无心”，而是遵循着一些最基本的原则。比如，相信兴趣爱好是促使孩子进步的原始动力，所以在同龄人忙着上辅导班时，我们支持她唱歌。相信身体好是一切发展的基础，所以才会花很多时间用在游泳训练上。相信游戏能促进智力发育，所以我们主要是陪孩子玩一些有意义的游戏。最重要的是，我们的“无心”给了女儿自由选择的权利，她从小就知道得对自己的选择负责，所以也无须我们操心她的功课。

亲爱的家长，若是你也有勇气放手，假以时日，也会收获无心插柳柳成荫的喜悦。

自由玩耍

孩子，且让我们无聊一把。

一

感觉现在家长的育儿水平是越来越高了。比如，最近朋友圈的一位家长，就分享了应该如何做好孩子榜样的感悟。她说，当看到自己津津有味地追一些无厘头神剧时，终于明白为何孩子也喜欢看某些动画烂片了，不禁发出“孩子真是父母的镜子”的感叹。这是家庭教育中孩子促进家长自我完善的一个活色生香的案例。以孩子为鉴，真可以正衣冠呢！不禁为家长的觉悟叫好。

可是，我今天继续追问家长的是，孩子是否也需要些无聊的时间呢？

比如对大人来说，明知是无厘头的神剧，我们为何还要去浪费时间呢？我没有轻慢的意思，因为我和大家一样，工作之余也不时地会对着屏幕上一些插科打诨的段子傻笑。

当然，你可以说我格调不高。可是，生活已经够艰难，为何就不能这样无聊地放松一把呢？

二

成年人放松的手段有很多种，阳春白雪的且不说，只说日常：女人逛街，男人看球，老人在小区门口八卦……看上去似乎有些浪费时间，可是，我们需要。

那我们的孩子是如何放松的呢？他们的放松需要是如何被满足的？

我以为，自由玩耍是孩子放松的好手段。没错，我说的就是那种不带有任何功利目的的，看上去似乎有些无聊，单纯地玩，甚至只是百无聊赖地消磨时间。自由玩耍原本是孩子的本能需要和天性，可是现在已日益成为奢侈品。

10年前，在我介绍了中国小学生的日常学习和生活作息后，一位美国教授就曾忧心忡忡地问我："那孩子们什么时间玩呢？"我当时还不由得愣了一下。

10年后的今天，网上流传的某位小学生的作息时间表，"完美"地回答了教授的追问。

按照网上那张"小P孩作息时间表"，"小P孩"每天从5点起床，一直要学习到23点才睡觉，总计每天学习18个小时，睡眠6个小时。

在这份时间表中，除了周一到周五学校正常的课程之外，还有古文、钢琴、围棋、毛笔书法、奥数、跆拳道、游泳、英语、拉丁舞9种课外学习。"小P孩"的家长——30岁的北大虎妈认为："我的每个安排都是有目的的，跆拳道、游泳是为了锻炼身体，增加男子气概；弹钢琴、拉丁舞是为了培养艺术天赋，以后找女朋友有帮助；英语是为了出国方便；围棋、奥数是锻炼逻辑思维能力；读古文是为了学习传统文化；练毛笔字是磨炼他的性子，他性子有点儿急躁……要想未来轻松一点儿，从小就要辛苦一点儿，小孩子唯一能做的事情就是学习！现在不学习以后就会被社会淘汰。"

瞧瞧，孩子的时间表上，全部被"有意义"的事情填满了。

可是，这该多么无聊！因为，他缺失了童年的自由玩耍，身心处于极度紧张的状态。哪怕能只看一会儿令人脑洞大开的烂片呢！

三

美国人类学家霍华德·丘达柯夫在《玩耍的孩子：一部美国史》一书中，将20世纪前半叶称之为儿童自由玩耍的“黄金时代”。这是因为由于童工时代终结，孩子们有了大把的自由时间专注于玩耍。他们的玩无所缘起，随性所至。他们花大量的时间去发现和创造自己理想中的风景，深深沉醉于自己的想象力之中：比如发现一个树洞，用小石头和树叶造个河边小屋等。

但是，从20世纪60年代开始，由于城市化、家庭收入的增加以及家庭结构的变迁，使得美国中产阶级父母的育儿理念发生了巨大的变化。父母不惜将所有的时间、精力和资源完全投入在孩子身上。一方面，学校开始占据孩子越来越多的时间；另一方面，为了创造更安全的环境，各种有组织有纪律的玩耍——如球赛、体操课、夏令营等，取代了大量无组织无纪律的自由玩耍。

这些描述，似乎也是当下身边孩子们生活境遇的真实写照。事实上，我们的孩子自由玩耍时间的被剥夺程度，有过之而无不及，正如那位北大母亲的“小P孩”，何止一个。

四

许多心理学家认为，自由玩耍的能力是心智健康的主要评判标准之一。相比那些自由玩耍时间被剥夺的孩子，拥有自由玩耍时间的孩子更加快乐，有更多的笑容和欢乐。精神病学家斯图尔特·布朗（Stuart Brown）曾用42年采访了6000人，了解他们的童年生活。数据显示，如果在儿童时代不能无拘无束地玩耍，孩子长大后可能会不快乐，难以适应新环境。这种“自由玩耍”对于培养孩子的社交能力、应对压力的能力以及解决问题的能力都至关重要。很多研究都支持布朗的观点：如果幼年时“没有玩够”，社交、情感和认知能力的发展都会受到影响。即便成年后，人们仍会受益于幼年时的自由玩耍，玩耍同样有助于成年人的身心健康。

当前，很多父母对于孩子们自由玩耍缺失带来的危害似乎知之甚少。在美国《大西洋月刊》2014年4月号的封面专题《被过度保护的孩子》中，作者指出，随着孩子自由玩耍时间不断下降，儿童的心理障碍问题（尤其是情感障碍）逐年上升，现在美国儿童焦虑症和抑郁症的发病率是50年代的5～6倍，15～24岁年轻人的自杀率翻了一番，而15岁以下的孩子的自杀率翻了两番。在美国这样一个被普遍认为以儿童发展为中心的国度，孩子们尚且如此艰难。中国的情况呢？

好吧，我不想再引用更多的数据吓唬大家了。亲爱的家长，我不是在劝你让孩子不思进取、虚度时光。我只希望家长们能意识到自由玩耍的重要性，给每个孩子一点儿时间自由嬉戏、玩耍甚至无聊发呆。且不说随心所欲的玩耍所带来的其他益处，单是能让孩子放松身心，在这个颇具生存压力的社会中，已经对孩子的成长弥足珍贵了。

童心无价

那些年，和女儿一起看过无数动画片。
一场场跌宕起伏、轰轰烈烈的人生场景，
浓缩在一部部短短的动画片中。

一

据英国《每日邮报》报道，一位牧师因为在一所小学对着孩子们发表了“圣诞老人不存在”的说法，引起家长的愤怒抗议，最终牧师被雇佣方解职。文章最后说：“幸运的是，学校里年龄最小的那批小孩子没有来听演讲。”

几乎所有的成年人都知道圣诞老人是不存在的。可是，几乎所有的大人都会年复一年地在圣诞节给小孩子们编织一个美丽的故事。这可能是世界上最大的谎言，也是最善意的谎言。

我到现在还记得，女儿小时候每次收到圣诞礼物时的激动、欣喜、快乐。圣诞老人每年会在圣诞节的夜里悄悄到来，将礼物塞到表现好的小朋友的袜子里。圣诞老人似乎总能猜中女儿的心愿，每次送来的礼物都是孩子最想要的。每年的圣诞节对年纪小小的女儿可称得上“折磨”。因为她希望自己深夜里不要睡着，等着圣诞老人的到来。可是爸爸妈妈告诉她，睡不着圣诞老人是不会来的。这种两难与礼物到来的欢乐却也相衬。

这样美丽的圣诞谎言，相信很多家长都编织过吧！

女儿直到8岁才知晓真相。那一年她已经读一年级，带着圣诞老人送来的礼物给同学显摆，引得同学们大笑。那时她才知道，原来爸爸妈妈才是那个每年在圣诞夜给她往袜子里塞礼物的圣诞老人。

一个美丽的童话破灭了，女儿的失落以及失望油然而生。所谓童年的快乐，大概就是这样随着年龄的增长而逐渐消失的吧。

所以，当我看到上面的报道时，不禁会心一笑，也庆幸自己给孩子赢得了足够长的保持童心的时间。因为，童心是无价的。

可是，这样的观点在当下的许多中国家长中间，似乎是极其小众的。孩子们似乎从很小就知道很多真相。比如，孩子们在3岁就会为上一所好的幼儿园去面试。我不知道若是不被录取，家长该如何对孩子们解释。告诉孩子因为表现不好？还是因为拼爹拼妈失利？孩子们3岁就被送上了竞争的轨道。

现实世界适用的是“丛林法则”。我和女儿喜欢到童话世界中寻找生命的欢乐与真谛。

二

女儿两岁左右的时候，先生买了一张动画片集锦光盘，从此，一起看动画片成为家庭欢乐的源泉。

那张动画片光盘上面收集的都是适合幼儿看的短片，故事简单，动作滑稽。第一集展现的是米奇（男鼠）在工地干活，普鲁托（狗）做监工，米妮（女鼠）来送饭的场景。情节也很老套，监工欺负干活的，干活的不甘欺压，勇于反抗取得胜利。女儿那会儿刚学会发双音节词，学着动画片里的人物大喊：“午餐，午餐。”还模仿米妮学会了许多新单词，比如：薄饼、通心粉、越橘派。当然，也免不了向我们讨要这些吃食。

一部叫作《小象歌利亚》。写森林里一头叫歌利亚（事实上歌利亚是对巨人的称呼）的小象，是整个大象群里体型最小的，派不上什么用场，挺不招其他大象待见。再加上调皮捣蛋，甚至玩离家出走，让妈妈操碎了心。有一天大象群遇到一只老鼠，其他大象吓得四下逃窜（据说大象最怕老鼠钻鼻子）。歌利亚大概因无知所以无畏，留下来和老鼠搏斗了一番，打败老鼠，成了象群的英雄。

女儿那时喜欢模仿小象说话，还恐吓我们："我永远也不回来了。"她更喜欢小象勇敢战斗的场面，说："不，我永远也不投降。"

还有一部叫作《公牛费迪南》。说的是一头公牛，长得体型巨大，别人都认为他应该去斗牛场，成为一只威风凛凛的斗牛。可是，他最喜欢在大树下安静地坐着，闻花草和泥土的香味。即使主人把他送到斗牛场上，任凭斗牛士百般戏弄甚至恳求，他仍无动于衷。最后还是被送回农场，在大树下坐着，闻花草的清香。

很多年后，和女儿谈到未来专业选择、人生理想等，女儿突然问我："妈妈，你还记得费迪南吗？别人想要他做的，和他自己想做的事情并不一样。做斗牛当然风光无限，可是也许在树下亲近土地更让牛生活得舒展自在。"

三

没有想到，小时候看过的动画片对女儿的价值观影响这么大。不过，这已经不是我第一次被震撼到了。记得有一年暑假，女儿只有5岁，我们在海滩上疯玩了一天，我自己的身心也得到巨大的放松。面对太阳落山时候的美景，我不禁感慨，"不回家了，我要一直在海边住下去。"这时，一个焦急的声音传来："妈妈，这不行的，那我们会变成驴子的。"看到女儿严肃的面孔，我知道，她是真心相信《匹诺曹》童话里的结局：不勤奋劳动和工作，好吃懒做，就会变成一头不会说话的驴子。

所以，我一直很注意观察动画片对孩子所带来的价值观的影响。哪怕是最简单的片子，有些寓意也很深远。比如上面所提的《小象歌利亚》，其实是告诉孩子们，长得小不要紧，小有小的用处，天生我材必有用。而《公牛费迪南》的故事则启发孩子们做选择时不必人云亦云，而要遵从自己的本心。

我也会精心挑选一些经典动画片，用动画片引导孩子的价值选择。孩子在幼儿园时期对动画片的需求最为鼎盛，一些经典的动画片源源不断进入我们的视野。比如，《小鹿斑比》是一部很长的动画片，描写小鹿经历了母亲死亡，长大，交友，恋爱，结婚生子，直至自己成长为森林里的鹿王。我和女儿一起看了无数遍，看到小鹿妈妈被猎杀的时候，我们泪水涟涟，看到小鹿开始谈恋爱的场景，我们窃笑不已。一场场跌宕起伏、轰轰烈烈的人生场景，浓缩在一部短短的动画片中。可是，孩子能理解多少呢?

之后不久似乎就有了答案。女儿有一次向我询问生死的问题，当她知道人总有一死，知道妈妈有一天终将离她而去时，不禁放声大哭。情急之下，我想到了用《小鹿斑比》的情节来安慰她。当我提到小鹿在失去妈妈、仍能很好地生活时，孩子的脸色放晴了。我们还谈到了独立生活能力的重要性。我不知道是不是凭着这份对人生的理解，让她对远走他乡无所畏惧。女儿能在幼儿园的时候去寄宿，在上高中的时候就离开父母，一个人远在大洋彼岸，独自承受成长的烦恼与欢乐。

其他还有几部我们百看不厌的片子。一部是《狐狸与猎狗》，一个小狐狸被猎人收养，和一只小猎狗一起生活，情同手足。可是毕竟它们不是同类，长大后狐狸被放归森林，猎狗也要尽自己狩猎的职责，当它们再度在森林里相遇时，多少的纠结伤感和无奈。这部片子是在告诉孩子们如何看待友谊以及亲情。还有一部《小马王》，写一匹小马历尽艰辛回到故乡草原的故事，表达的是小马对自由的热爱。

四

印象最深的动画片莫过于《狮子王》了，辛巴和爸爸在草地上的那段对话，堪称对孩子进行世界观教育的经典，请容我引用：

> 穆法沙："做一个国王不只意味着什么时候都可以为所欲为，还有更多重要的事要做。"
>
> 辛巴："还有更多重要的事？"
>
> 穆法沙："存在于这个世界上的，你眼睛所见到的万物之间都是这一种微妙的平衡关系。作为一个国王，你需要明白这种关系，并且尊重世间万物——无论它们是缓缓爬行的蚂蚁，还是跳跃的羚羊。"
>
> 辛巴："可是，爸爸，难道我们不吃羚羊吗？"
>
> 穆法沙："我们吃，辛巴，听我来解释。我们死了以后，尸体就会变成青草，羚羊就会来吃青草。我们就是这样互相连接，共同存在于这个巨大的生命轮回之中的。"

当我听到女儿和爸爸一遍遍不断模仿电影的对白，我深信，女儿幼小的心中已经有了对这个世界万物生存方式的初步认识，那就是互相依赖，互相尊重。

还有，《狮子王》动画片中那无厘头的*HAKUNA MATATA*歌曲也带来了无尽欢乐。女儿告诉我，当她在寄宿制幼儿园想妈妈的时候，心里就会唱起来，感觉会好很多。当然，当爸爸盯着她练琴时，她也会很合时宜地来一句："你不要像那个沙祖（辛巴的管家）那么烦人好不好？”

不过，动画片对儿童的影响大小，可能也是因人而异的。例如，我发现女儿喜欢的动画片，都是奔放欢乐型的，比如《猫儿历险记》《侠盗罗宾汉》等，而通常女孩子喜欢的《白雪公主》《灰姑娘》什么的，她不是很愿意看。这可能和孩子的性格有关，每个人的趣味是不同的。

希望有心的家长，能意识到动画片给孩子带来的有益影响和欢乐，陪孩子一起看一些他喜欢的片子，不仅有助于亲子关系培养，还可以收到意想不到的教育效果呢！

肆

引 领

有关为人父母的

反省，

榜样，

修炼，

以及放飞

父母形象

常常觉得有个小孩子在身边，就像埋伏了个小地雷。
父母要是说了或做了不美的事情，
孩子都给你记着，攒着。
你这里浑然不知，“小地雷”那里说不定哪天就会爆炸。

一

记得女儿三岁的时候，有一次竟对着电话和人家评论起了自己的父母：“我的爸爸，很聪明的！”

爸爸自小是个顽童，有了女儿后，更是全心全意地陪女儿玩耍。很多玩具，依我看来，他比女儿玩得还要起劲儿。每回给女儿洗澡，还会折个小纸船放在澡盆里给女儿玩。所以爸爸在女儿心中，绝对是高大上的形象，赢得了女儿由衷地赞美。

相比而言，妈妈在女儿心中形象欠佳。女儿经常会说：“妈妈笨笨的，一点儿也不好玩。”

这个评论也很客观。因为妈妈确实是一个典型的书虫，生活过于严肃认真，简单得淡如白水，对女儿而言，有些索然无味。

不仅如此，女儿竟然断言：“我的妈妈是个脾气暴躁的女人！”

记得某天早晨，我送她去幼儿园时，在路上我们编故事。我说：“有个女孩，叫作虫虫……她帮妈妈干活……”我说了她很多好话，故事编得她万分开心。

她也给我编故事说：

“有个妈妈，名叫——，她长得很胖很胖，后来减肥……”

“有个爸爸，叫作——，他是个懒虫，早晨不起床。他喜欢抽烟，他的老婆对他很凶。”

我忍不住插嘴：“我什么时候对你爸爸凶了？”

女儿说：“爸爸抽烟的时候啊！”

这就对了。因为我一直反感先生抽烟，每次他抽烟我都给他脸色看。

果然，父母的点滴表现，都逃不过孩子的眼睛。

二

其实，有了孩子之后，我和先生在女儿面前，说话做事都已经加倍谨慎。因为一不小心，孩子就会捡拾了去。

比如，有一次，她问我：“什么是结婚？”我说：“结婚就是女人找到丈夫了。”她又问：“什么是离婚，怎样离婚？”我说：“离婚就是夫妻吵架，不住在一起了。”其后的某一天，我和先生偶尔拌嘴，她说：“吵什么吵，你们两个想离婚呀？”吓得我们大气都不敢出。

常常觉得有个小孩子在身边，就像埋伏了个小地雷。父母要是说了或做了不美的事情，孩子都给你记着，攒着。你这里浑然不知，“小地雷”那里说不定哪天就会爆炸。

所以，为了给孩子树立好榜样，我和先生不单是跟她讲话非常谨慎，夫妻之间处理分歧也十分注意方式方法。若有拌嘴吵架，都是躲在自己房间里悄悄进行的。一方面怕误导孩子；另一方面，也希望能在孩子心中树立父母的光辉形象。

为人父母，真是需要修炼不止啊。

所谓儿大母成人，是有这一层反省、督促的意思在里头的。

三

我自己的体会是，因为要给女儿带个好头，自己也确实有了很多改变。因此，妈妈在女儿心目中的形象，也似乎日渐高大起来。比如，女儿在小学时的作文《我的妈妈》中，就描述了她对妈妈的敬佩。

女儿写道，妈妈生完我后一直很胖，但她近期立志减肥，坚持运动，果然减肥成功。女儿佩服妈妈的坚持。她还写了妈妈对学习的热爱。说妈妈37岁了开始读博士，白天上班，晚上学英语到三更半夜。作文最后写道，要以妈妈为榜样，好好读书，像妈妈一样做事有恒心……

遵循着我们的言行，女儿成长为一个简单、善良、快乐、爱读书的阳光女孩。可是，爸爸妈妈不是完美无缺的，孩子总是要面对真实生活的呀。所以我们在孩子上了初中后，开始不再避讳分歧，而是以生活常态展示给女儿。

记得有一次与先生争吵时她也在场。我们吵架时，她不声不响，冷静地将碗柜的橱门用绳子拴起。我问原因，她说是怕我们摔碗，其实是在转移我们的注意力。她的这一动作，叫人莞尔，我们赶紧熄火。

第二天，她又拿来一张报纸给我看，上面赫然写着："孩子是离婚最大的受害者。"可见她还是很担忧的。

过些日子，女儿看我们有时仍是各不相让地争辩，她自己若无其事地说：

“孔子东游，见两小儿辩日，一儿曰……一儿曰……”是取笑我们各自有理。

又过了几天，看我们和好如初，她便来调侃：“哟，两个人又好起来了吗？你们两个就像小朋友似的，一会儿好，一会儿吵，难为情吧。”

女儿逐步认识到父母的真实形象，发现他们不过如世间大众平凡、普通，有着自己的喜怒哀乐、优点缺点。

四

这份真实，也促使女儿评价父母的角度日渐全面起来，父母在女儿心中的形象也日渐丰满。

我看到过女儿初中时写的一篇名为《哭泣的背影》的文章，写了当她看到妈妈哭泣时自己的感受。她写道，当妈妈知道姥姥得病需要手术，而手术风险很大时，妈妈当着舅舅的面失声痛哭。女儿第一次感受到，原来妈妈也是很脆弱无助的，妈妈也是需要安慰和呵护的。她能做的事，就是自己照顾好自己，不给妈妈增加负担。

我也记得当我哭泣的那一刻，女儿先是怯怯地望着我，然后走近我，轻轻抚摩我的背，正如她哭泣时我对她做的。

我感到，女儿真的是长大了。

女儿14岁那年，学校要求父母给孩子写一封信。先生在给女儿的信中写道：

> 自从你来到这个世界，你妈妈和我就感到无比的骄傲。你的到来，不仅仅是多了一个家庭成员，更是多了一个朋友。你的一举一动，牵动的是我们的心。你的每一点儿成长和进步，都使我们感到无限欣慰。你成长，我们也成长。从你的身上，我们逐步学会了

怎样去做父母，怎样保持长久的爱心，怎样去探索发现一个美好的世界。

这些，是我们不断反观自己在孩子眼中的形象后的进步。

榜 样

旅行，你看风景，孩子看你。

一

对于带自己的孩子一起旅行，特别是年龄比较小的孩子，很多父母都存在矛盾的心理。

家长们对旅行的教育意义已经十分认同。首先，旅行可以让孩子增长见识。俗话说，行千里路，读万卷书，说的就是这个道理。其次，借由旅行，可以让孩子有更多的机会面对不同的环境。有顺境，也有考验，可以磨炼孩子的性情。

但同时，家长也很犹豫，觉得孩子太小，出去看什么都记不住，浪费金钱和精力；而且出去旅行，往往生活规律被打乱，更爱生病，在人生地不熟的地方风险很大。综合下来，带小孩出去旅行是得不偿失。

这样的困惑，我也遇到过。

记得从女儿很小的时候，我们便开始有意识地带她长途旅行。我们也发现，三岁以前的旅行，不管目的地在哪里，风景如何优美，孩子感兴趣的活动基本集中在游乐园里的滑梯、小火车什么的。跑那么远的路，来玩这些家门口就可以玩到的娱乐设施，性价比确实有点儿不高。可是，孩子的感受可能是不同的。对他而言，重要的不是玩什么，而是和谁在一起。

那么旅行中的父母陪伴，和日常的父母相处有何不同呢?

旅行中父母对孩子的关注，一般会比平时在家中更为专注。因场景的变化，情绪的放松，父母会将自己全身心地交与孩子。孩子对此也是十分敏感的。所以尽管在玩同一种滑梯，孩子的感受是不一样的。孩子专心享受着父母的爱，回馈给父母的则是无与伦比的幸福感。

因此带小孩子一起出游不仅是一家人出去看风景，更是建立良好亲子关系的具体手段。因为平日里大家都要辛勤工作，即便是周末大人也要处理家中琐事。而只有带着孩子去旅行的时候，才不用去在乎那些日常锅碗瓢盆，把所有的时光都互相交给家人。孩子真正地完全拥有了父母，从中感受到快乐和安心。大人也能放慢脚步，体验到对当下生活的惬意与满足。

二

当然，要享受到亲子游的这些乐趣，父母首先需要有良好的心态。换句话说，旅行为如何成为好父母提供了平时不太有的机会和挑战。如果能抓住机遇，那么为人父母的层次又上了新台阶。

因为，但凡旅行都会有意外。可能是吃不习惯的饭菜，也可能会有误点的交通工具，甚至会有水土不服，突发急病去医院。家长如何处理这些旅行中的意外，考验的正是为人父母的智慧。

合格的家长往往能化险为夷，并平添出许多旅游的乐趣。记得有一次，我们在偏僻山区，等不到出租车，只找到一辆三轮摩的。一家人坐在颠簸的车斗里，女儿既难过又害怕。这时爸爸开始引导她，说我们坐的是一辆抖抖松的车子，身体抖松了可以长得高。于是爷儿俩随着车子的颠簸和起伏，一路上有韵律地喊着“抖抖松，长长高”，欢快地到达了目的地。

遗憾的是，人在旅途，也总能见到不少表现不及格的家长。在一次去北京的高铁上，前座是一对带着孩子的年轻父母。一路上，夫妻二人各自低头看手机，任由孩子在走道里奔跑嬉闹，骚扰乘客。当孩子遇到问题回到座位向父母求助时，两人首先是互相推诿，然后是训斥孩子。等到临下车的一刻，发现少了一件行李，于是埋怨争吵立刻开始。可怜的孩子，眼神惊恐，呆呆望着父母。

我猜测，尽管他们到北京会饱览长城、故宫等美景，可是这次旅行似乎已经以失败收场。因为，孩子看到的不仅是风景，更重要的是父母遇到困难时如何应对。对问题的不同应对方式，暴露出父母本身的能力与水准。

三

20世纪90年代末，美国教育部开展了一项“童年早期发展纵向研究”。该项目意在探究影响儿童学业进展的相关因素。项目统计了学生的学习成绩，还调研了每名儿童的一般信息：种族、性别、家庭结构、社会经济地位、父母的教育水平等，并对父母的教育方式做问卷和访谈。

研究结果发现，高学历、事业有成、身体健康的父母所生育的子女，往往能在学校取得优异成绩；但儿童是否去博物馆，是否被体罚，是否参加启智计划，是否经常听父母读书等似乎并无影响。

换成大白话是说，父母做一个怎样的人，与父母怎样教育孩子相比，前者的影响似乎更大。再换成家庭教育术语，其实是说，身教重于言教，父母榜样的力量大于说教的力量。

而旅行，则为提高父母的影响力提供了最好的机会。所以，从家庭教育的角度看，家长真得感谢那些旅途中的意外。

是的，亲子旅行的目的，是让孩子见多识广，让孩子学会处理问题，让孩子意志更坚强，学会独立成长。

可是，带孩子旅行，又不仅仅是这些。

我们带孩子看世界，旅行中所有的风景、事件、意外、困难等，以一种最直观、最完整、最密集的生活方式，呈现在我们面前。而家长以何种姿态去面对，将经由孩子的眼睛，刻入孩子的心灵。

四

再深入一步说，家长的成长，又何尝不是一场无休止的生命旅程。

自从有了孩子，仿佛身边多了个小警察，一举一动都有人在盯着，而且还在不停地模仿。你整天乐呵呵，他也高高兴兴；你发脾气，他情绪也容易失控；你开始动粗，然后发现他也对着别的孩子动手。

为了孩子，需要克制，忍耐，学习，提高，这何尝不是人生的修炼。儿大母成人，说的就是这个道理。

父母的榜样力量对孩子发展的影响真的十分强大。英国学者欧文通过问卷的方式，询问年龄在11～16岁之间的中学生：“在社会中，学生的领导榜样是谁？”对这个问题的回答，79%的学生的答案是“父母”。

人在旅途，正是树立父母榜样作用的大好机会。

当家长带孩子出去看风景，在旅途中放松时，要时刻记得，旁边有一双眼睛，正在看着你。你的一举一动，他都记在心里，而且，还如法炮制。

父母有成熟期吗

为了取悦不成熟的父母，

孩子的自我认知和行为模式会严重扭曲，

这种伤害不会止于童年。

一

假期见了不少同学。大家都是知天命之年，事业各有所成，孩子也已成人，大多开始“新空巢生活”。交流的主题，竟然还是孩子。这次激辩的是：孩子长大成人后是要放在身边，还是鼓励远走高飞。

大家各自举了很多例子。一位同学说到某老同事，其孩子从小就是学霸，当年高考冠军，如今在美国奋斗，平日里，这位同事为人父母的自豪感溢于言表。可是经历一场大病后，在医院眼见得其他病友的孩子绕膝，自己孤苦一人，这位同事深受刺激，认为孩子还是不要太有出息，将来工作了更要离父母近一点儿，好互相照应。同学竟也因此观念大变，甚至硬将孩子所填报的省外大学志愿换下，将孩子留在省内。

享受天伦之乐，自是人之常情。可是，对于子女来说，这是一个好的安排吗？关键是，孩子的意愿体现在哪里？这样对待一个年满18岁的孩子，显然是越权，不是成熟父母该做的选择。

琳赛·吉布森（Lindsay C. Gibson）在《不成熟的父母》这本书中对

“不成熟的父母”有如下描述：“如果一个孩子在童年时，渴望与父母亲密，却常常被疏远和拒绝；有什么优点或成就，都得不到父母的关注和赞赏；父母只照顾他的基本生活，却不关心他的情感和想法；感到沮丧时寻求父母的安慰，得到的只有冷漠；经常感觉孤独、空虚、无价值、被背叛或被抛弃；那么，这并非孩子的错，而是他的父母有问题。”

研究说明，为了取悦不成熟的父母，孩子的自我认知和行为模式会严重扭曲。这种伤害不会止于童年，而是会延续到成年之后：他们可能会缺乏自信，处理不好人际关系，与和父母类似的人结婚，对下一代的教养也在无意识重复父母的模式。

二

因此，家长是否成熟是孩子能否得到良好教育的关键。那么家长怎样做才算成熟呢?

我们在日常生活中会发现，尽管很多人在年龄和阅历上已是人生成熟期，可是就如何做父母而言，有些家长似乎仍然不成熟。此类事例比比皆是，就如媒体曝光的，在北京等全国各地皆有父母替儿女相亲活动。在上海人民公园，父母为儿女的相亲专场甚至成为一道城市风景。

父母替儿女相亲现象的出现倒也不是毫无征兆。因为媒体早有报道父母越俎代庖的事例，比如高考升学咨询，都是父母当主角；又扩及毕业生应聘，也是父母反客为主。还有新闻说，在某路公交终点站，每早有不少年过半百的老人替儿女排队等座位，目的是为让孩子多睡一会儿。

可怜天下父母心。看着这些白发苍苍的老人，真不好意思说他们在做父母上还不成熟。可是，他们的所作所为，真真切切体现出了不成熟父母对待孩子的风格。那就是，他们渴望自己孩子的一切皆有保证；往往是以爱的名义，想要掌控孩子的未来。比如，很多父母是在做自己童年时代憧憬的父母，把自己希望拥有的东西奉献给现在的子女；还有的父母是在满足自己的需要而不是孩子的需要。就像前面那位将孩子拉回身边的同学，以及感叹孩子还是没出息好的老人。

鲁迅先生在《我们怎样做父亲》的文章中就指出，要做好家长，开宗第一，便是理解。孩子的世界，与成人截然不同；倘不先行理解，一味蛮做，便大碍于孩子的发达。第二，便是指导。时势既有改变，生活也必须进化，决不能用同一模型，无理嵌定。长者须是指导者、协商者，却不该是命令者。第三，便是解放。子女是即我非我的人，因为“即我”，所以更应该尽教育的义务，教给他们自立的能力；因为“非我”，所以也应同时解放，全部为他们自己所有，成一个独立的人。

所以，为人父母，不是要去书写孩子的人生，而是被赐予机会去和孩子一起成长。在养育孩子的过程中，家长需要不断探索经验，肯定经常体会迷惘，也难免经历心痛和失落，但不要放弃希望，最终会心怀感恩。

三

这样来看，其实做家长可能没有成熟期，因为孩子每个阶段都有不同的成长需求。孩子小时，需要照料他的吃喝拉撒。孩子入学，很多家长更是“为奴12年”，生活安排重心基本是围绕孩子的学业展开。

怎样与成年的子女相处更是一门大学问。孩子的婚恋、就业等问题，对为人父母的挑战似乎无休无止。所以即使人到中年，仍需要学习如何与孩子保持距离，体面地退出。

哪怕已是垂垂老矣，对于渴望老有所依的父母，与子女分离所带来的考验，真的不亚于初为人父母。可是从中也更能看出为人父母的境界差别。

我熟知的一位长者的境况，与同学所提到的情况类似：女儿也是学霸，并在国外安家。他住院时去看他，并没有听到他嫌弃女儿不在身边的抱怨。而他的女儿，即使只有一个星期的假期，也会从国外乘十几个小时的飞机回来，陪伴父母。

不妨把对“不成熟父母”的描述换一下：“如果一个老人在老年时，渴望与孩子亲密，却常常被疏远和拒绝；有什么优点或成就，都得不到孩子的关注和赞赏；孩子只照顾他的基本生活，却不关心他的情感和想法；感到沮丧时寻求孩子的安慰，得到的只有冷漠；经常感觉孤独、空虚、无价值、被背叛或被抛弃；这并非是老人的错，而是他的子女有问题。”

现在很多报道，都是这样在讨伐孩子的。其实，这究竟是谁的错呢?

世间因果，说的就是这些道理吧。

初闯江湖

2008年8月～2009年5月，
女儿进入弗吉尼亚州里士满市西区的
玛丽曼福德小学就读。

体验美国公立小学

2008年5月～2009年5月，我在美国做访问学者。其间，女儿从2008年秋季学期开始进入弗吉尼亚州里士满市西区的玛丽曼福德小学（Mary Munford Elementary School）就读。这所公立小学建于1951年，有83名教师，约700名学生，24个班级。学校在各项教学质量评估中成绩优异，是里士满市深受家长喜欢的公立学校之一。学校融洽的师生关系、轻松的家长会等都给我留下了深刻的印象。我将女儿在开学前和开学后第一周的经历以日记的形式叙述如下。

入学前奏

2008年6月4日，到学校注册

今天最重要的事是下午三点拜会校长，给女儿办注册手续。我早早到了学校。校舍是一栋两层的红砖楼房，处在一片巨大的草坪中，周围是参天大树。学校还有一个很大的运动场，整整占据了一个街区。

快到3点时，我来到办公楼，申请见校长。一位高大的先生应声而来，先拿来许多表格让我填写，主要是填女儿的一些基本信息。然后校长带我参观学校。我看到，每个教室都用一个国家的名字命名，并且选用该国家的传统元素装饰。我看到了以“中国”命名的教室。校长告诉我，他们希望学校能成为一所国际化的多元学校，我们的到来给他们提供了机会。

走廊上，小学生“窜”来“窜”去，校长好像认识每个学生，学生也都亲热地叫着校长的名字，有的还过来抱抱他。校长带我去图书馆，里面的书琳琅满目。有个班正在图书馆里做游戏，有些小孩用大毛巾把头蒙起来，不知在玩什么，但我感到他们都很开心。图书馆的老师来自俄罗斯。

校长又带我去看五年级（我女儿即将就读五年级）的教室，教室里堆满了东西，感觉像一个家，桌子椅子都是围起来的。每班只有二十几个人。这间教室的“当家老师”（Homeroom Teacher）是位男老师。这里的教师分年级带班，每个教师带一个班级，基本上负责所有课程。孩子们每升一年级都会换老师。这位老师希望我的女儿能到他的班级，校长笑着答应“试试看”。

校长还带我参观了学校的游乐园，游乐园里有孩子的作品等。这一切令我感到新鲜和满意。我还看到有许多更小的孩子，5岁左右的样子，是学前班的。我给女儿报了个暑期班，以便她一来就可以更快地适应新环境。

2008年7月7日，暑期班报到

今天是周一，是女儿去暑期班报到的日子。报到时需要出示的文件很简单：出生证、健康证明、免疫记录、护照。到学校后，接待老师依次收取证明、复印件，材料交完，手续就算办完了。

校长带我们去教室。暑假班是混合编班，两个年级也就十几个学生。

我们到了四五年级的教室，教室的名称是“日本”，里边有一位老师在上课。校长将我们介绍给大家，老师表示热烈欢迎，让女儿做自我介绍，其他小朋友也纷纷介绍了自己。当时有一位小朋友正在发脾气，老师很耐心地问她愿不愿意现在介绍自己，小姑娘摇头，老师也不强迫她，直到最后她自己愿意为止。

2008年8月29日，学校开放日

今天是小学秋季开学前的开放日，开放的主要目的是让学生见新老师和新同学。这所学校的学生每年都换班级，每个学生每年的老师和同学都不同。我曾问校长，为什么每年都要重新排班？多麻烦啊。校长说，这是为了让孩子能认识更多的人，这么多年换下来，每个小朋友几乎都能认识全校所有的老师和这一年级的同学。

我们来到女儿的主教室（Homeroom），看到一位和蔼的男教师，他是兰博老师。兰博老师一见到我们就叫我们的名字，还问我们他的发音是否准确。我曾和兰博老师通过信，介绍了女儿的一些情况，希望女儿不会成为他的负担。他说很高兴女儿能在他的班上，因为她能带来不同的文化。

我们根据贴好的名字找到了女儿的座位，就在第一排，可见老师对女儿的关照。女儿到座位上坐好后，发现课桌的抽屉里已经摆好了这学期要用的课本，有数学、科学、历史等；有一个大文具盒，里边有所需的所有文具；还有好几个大本子。所有的书和本子以及文具盒上都贴上了女儿的名字。在教室的一侧，每个人有一个书柜，书柜上也贴好了学生的名字。教室靠走廊的那面墙立着衣柜，每个小朋友有一个衣柜，衣柜上都贴好了名字。课桌是成排放的，椅子似乎是个塑料箱，里边可以放东西，比如书包什么的。

老师与进进出出的学生和家长打着招呼。这个房间既是学生的教室，也是老师的办公室。教室的后面就是老师的办公区，有一个很大的桌子和电脑，有打印机和投影仪，还有一个冰箱是给老师和孩子放饮料的，这里的孩子上课可以随意喝水、吃零食。

女儿还是不太敢说英语，但是小朋友和她说的话，她基本能听懂。我们熟悉了周围的环境，把缴费的支票给了老师，把参加家长教师联会的单子投进信箱，就回家了。

正式入学

2008年9月2日，开学第一天

今天是开学第一天，学校允许家长带孩子进教室。我先陪女儿到咖啡厅，这里9～10点有一个家长聚会，给家长和孩子们准备了很多好吃的东西。我给女儿拿了些小点心，她吃好后，我将她送到教室，她的老师让我放心。

我回到咖啡厅，发现那里已经聚满了家长。我碰到一位大学的同事，他的孩子今年刚入学，他教我将名字写在粘纸上，贴在胸前，四处走动，就可以认识许多人。他还将我介绍给家长会主席，那位主席是当地有线电视网络公司的一位副总裁，两个孩子的妈妈。

我找些水果来吃。我在咖啡厅里显得很特殊，因为这所学校亚洲人非常少，但有许多人向我打招呼问好。我碰到一位五年级孩子的家长，她的孩子和我女儿是一个班，我们说了很多话。我谈到，我愿意教孩子们学中文，她很激动，表示由她来安排这件事。原来，她是家委会里的一个“头目”，负责组织学生的课余活动。校长给大家拍照片，忙得满头大汗。家长会的规模越来越壮大了！

这里的幼儿园和小学连在一起。孩子们先读一年幼儿园，类似我们的中班，再读一年学前班，类似我们的大班，然后上小学。这里也分学区，就近入学，好学区可选择的名额有限，进入好的幼儿园就等于进入好的小学。在这所小学可以看到4～11岁的孩子，大大小小的特别可爱。

我下午接女儿时，看到老师亲自把她送下来。听女儿说，今天上课时，老师把他自己上五年级时的照片以及成绩单给孩子们看。老师的所有努力都是为了赢得孩子们的信任和好感，和孩子们拉近距离。

女儿看起来非常累，她带回一堆材料，要家长看完签字。因为很多内容她看不明白，所以女儿让我帮她做作业。女儿说，因为听不懂，也没人和她说话，所以她要回上海。女儿虽然听不懂，但是作业居然都抄下来了，也是个奇迹！女儿确实累了，不到9点就呼呼大睡。

2008年9月3日，开学第二天

女儿虽说还不想去上学，但是没有办法，只好去。她昨天睡好了，今天情绪似乎好一些。

这里的学校不允许提早到校，学生必须在8：40以后到校。第一节课在9：05分开始，没有早操。8：40分我带她去餐厅，领到免费的早餐。学校鼓励孩子们吃早餐，费用全免，还欢迎家长陪孩子们一起来吃，家长只要1美元。在餐厅，她看到了年龄小的同学，情绪似乎缓解了。

我一回到办公室，就接到校长的录音电话，内容汇集了女儿第一天上学的情况、感谢大家的配合等。昨天他们就曾来电，测试联络方式是否通畅。下午，我去接女儿，一见面就感到她今天的精神状态好多了。她告诉我，有同学和她说话，还说什么事都有经验了等，显得很快乐。晚上，我们按照学校的要求去体检。

总之，一切还算顺利。女儿今天精神不错，这是最重要的。

2008年9月4日，开学第三天

女儿今天早晨是自己下公交车过马路的，不再需要我下车送她过马路。在靠近学校的格鲁街和康宁街路口，有一位年龄很大的女警察，每天在上学时间专门指挥车辆避让，让孩子们过马路。她昨天向我保证孩子的安全，告诉我，不用下车送，她会负责一切。我看到女儿下车后，警察就指挥所有的车辆停驶，直至女儿过了马路。学校的校车到来时，有专门的老师来接，对孩子的安全很重视。

下午，和我一见面，女儿就冲我挥挥手里的糖，说是答对问题的奖励，数学老师给的。我看到她开心的样子，就知道她今天过得不错，心里大为宽慰。不过我还是不太明白，听不懂老师的意思，怎么会算对题。女儿还说，他们进行安全演习了，警报响起后，大家都要很有秩序地疏散到操场，学校隔几天就要进行一次演习。记得开学后我签了无数的字，都是同意让孩子参加锻炼什么的。

今天，她的作业中有介绍科学发展的一篇文章，有一定难度，一共有7个题目，她只找到5个答案，我帮她找到了剩下的答案。不管怎样，她进步还是很大的，基本能完成作业。

2008年9月5日，开学第四天

为了了解女儿在新学校的适应情况，我约好下午去见女儿的老师。当我到达时，有位家长已经在那里和老师交流，我以为他们很快就会结束，没想到，他们谈了一个多小时。

这位家长是一个问题儿童的妈妈，她的孩子就是我们在暑假时见过的那位发脾气的小姑娘，现在她和我女儿一个班。女儿说有专门的老师带她。我在学校还看到一位很漂亮的小姑娘，一直笑眯眯、很快乐的样子。可她的爸爸说，她是个聋儿。我一点儿也看不出来。这些残障儿童在学校接受特殊的辅导，但大多数时间和正常的孩子在一起，所以看上去和正常人没有两样。昨天，学校让我签字同意安排老师辅导我女儿英语，是专门配备的老师，帮助母语不是英语的孩子尽快适应学校的学习，这被称作ESL（English as a Second Language，ESL）项目。我心想，这样的好事，还有人不同意吗？但是他们特别注重个人的权利，一切都需要你自己做选择。

在我等待的时候，我和女儿的数学老师打招呼。数学老师对我女儿赞赏有加，说她上课时两眼放光，一看就是个聪明的孩子，对数学很有兴趣。我奇怪，女儿是怎样在有语言障碍的情况下做对题目的。老师说，是电子翻译字典帮了大忙，有一位小同学会帮着女儿输进英文单词，女儿通过翻译知道了汉语意思，就能正常做题目了。

我和兰博老师见面时已经快4点半了，老师说，女儿一切都好，就是还很害羞，不说话。我说，她不是害羞，是因为不会说。老师让我们放松点儿，作业做不完也没有关系。他相信，女儿会很快适应的，叫我不要给孩子施加压力，因为他听说中国父母对孩子的期望值都很高。兰博老师认为，关键是孩子要喜欢来学校，孩子的心情很重要。

结束了谈话，我和女儿乘公交车回家，令她高兴的是，今天居然没有作业！我问她，喜欢这里还是喜欢上海？她说，当然是没有作业的好了！才4

天，她就喜欢上了这个学校。

2008年9月7日，学校野餐活动

女儿上学第一个周末的下午有学校举办的“回到学校”野餐活动，每年开学都举办一次。学校供应汉堡、冰激凌等，还有乐队演奏，主要是乡村音乐。最有趣的是，校长也在台上，头上歪戴牛仔帽，身穿牛仔服，脚蹬牛皮靴，手拿吉他伴奏，还不时来一些搞笑的动作，惹得孩子们大笑。这位校长是那样真实、平易近人，却很有魅力。

来野餐的人越来越多，整个草地上都是人，尤其是小小孩特别多。大家都带了椅子或者毛毯，在大草坪上席地而坐，或聊天，或陪孩子嬉戏。女儿和他们一起玩，从4点多一直玩到6点半，玩得一直看不到她的影子。因为我们要赶回家的车才与同学分手。

女儿现在越来越喜欢这里的学校了。短短一周，她已经适应了这里的学校生活。

放 飞

女儿从2013年秋季学期开始进入
弗吉尼亚州里士满市汉瑞克郡的自由人高中就读。

体验美国公立高中

2013年8月，我再次来到美国做访问研究。其间，女儿从2013年秋季学期开始进入弗吉尼亚州里士满市汉瑞克郡的自由人高中（Douglas S. Freeman High School）就读。这所公立高中建于1951年，有150名教师，约1400名学生。学校在各项教学质量评估中成绩优异，是里士满市深受家长喜欢的公立学校之一。美国高中严格的学籍管理，自由的选课体系，多种多样的课外活动，以及别具一格的家长会等，都给我留下了深刻的印象。在此，我将开学前后的经历以日记的形式叙述如下。

入学前奏

2013年8月19日，ESL中心注册

女儿今年在上海初中毕业，九年级结束，跟我来美国里士满读高中十年级。和小学五年级来时不同，这次去学校注册颇费了些周折。学校让我们先去教育局的ESL中心注册并参加测试。那里的注册官对我们携带的成绩单很不满意。因为我带了一份女儿中考时的成绩单，那上面只显示了语文、数学、英语、物理、化学和体育成绩，而且语、数、外满分是150分，物理90，化学60，体育满分只有30。这个成绩单把她彻底搞晕。她首先质疑为什么体育只有30分？是因为课时少所以分数少吗？我点头称是。她立刻得出结论说，女儿的体育课时不足，不能给她学分。然后又问我们为什么没有学历史？因为这属于社会类的课程，是必修课。女儿中考成绩单上没有历史成绩，所以这门课也没有学分。总之，女儿的成绩单上显示她修的九年级的课程学分不足，所以不能上十年级，只能注册九年级。

这个结论让女儿很受伤。我赶紧向注册官解释了中国和美国中学学制的不同，以及为什么成绩单只有这几门课，因为这是高中选拔考试。其他历史、地理、生物、音乐、美术等科目都学过，只是没有显示而已。商量下来，注册官员允许我们提供新的成绩单，以证明女儿已经学完了九年级的必修课，然后才有资格注册上十年级。我们只好再去麻烦女儿在上海初中的学校，将她所有初中学习的课程和成绩详细列出。然后我和女儿再凭着记忆，根据四年的课程表，详细解释了每学年每门课所用的课时以及学习的大概范围，与新获得的成绩单一起重新提交给注册官员。她终于同意把女儿作为十年级学生介绍给我们所在学区的高中了。

当中还有个插曲。去ESL中心注册时需要测试。我问测试大概需要多长时间？回答是不一定，题目越难所费时间越长。女儿跟着测试的老师进去后很久没有出来。我心里在不停地打鼓：难道女儿不会做？她曾经在这里上过一年小学，英语水平不会很差呀。一直到了11点半，女儿出来了。问她，说是不难。既然不难为什么要花这么长时间？原因是只要你会做，就会有题目出来不停地让你做下去，直到你不会做。所以说，英语水平越差，需要的时间越短。哎呀，我这个当妈的真是虚惊一场。

2013年8月26日，选课

教育局同意我们注册后，给了我们女儿将要就读的高中的电话，让我们自己约时间和学校的顾问见面。接下去一切进行得很顺利。8月26日，当我们去学校的时候，发现女儿所有的材料已经转到了顾问的手中。可能是因为有了一份详细的课程解释，顾问没有质疑任何课程，而是根据女儿已经学习的内容，帮她选择课程。

按照所在州高中毕业学分要求，女儿本年必修课中须选择一门数学、一门英语、一门体育。并且按照新规定，经济课从今年开始也列为弗吉尼亚州高中生的必修课了，所以女儿还必须修一门经济。选修课中，必须选一门社会类（历史、政治等）课程，一门科学类（化学、物理、生物等）课程。也就是说每学年有四门必修课，两门不同类别的选修课。其他可以自由选择一门，比如可以选第二外语（有法语、拉丁语和西班牙语供选择），也可以选择音乐（有合唱、乐队以及艺术理论等）、美术，或者驾驶技术教育课。

选课是女儿平生第一次经历。顾问介绍了长长的课程清单供我们选择。感觉眼花缭乱，不知如何下手。看下来，英语主要按照年级，分为9～12年级四级，每级都有荣誉班和普通班，并且有大学先修课（AP课）。数学则是按照学习内容，分为代数1、代数2和几何、高级代数与三角、数学分析、数学计算等，每门课有荣誉班和普通班，以及各类AP课。历史、地理、物理、化学、生物等主要是按照学习内容分类，设有荣誉班、普通班和AP课。除此以外，顾问还给了课外活动的清单，有各种各样的俱乐部，以及数学、摄影、辩论等。居然还有同性恋与非同性恋俱乐部，以及各种各样的体育活动，分为春季项目和秋季项目，有篮球、网球、排球、足球、游泳等，不一而足。这些活动都是自愿参加的，没有时间限制，只要个人的时间安排得过来就可以了。

顾问根据女儿已有的学习成绩记录，推荐了代数2的荣誉班，英语10年级普通班，化学和物理的大学先修课，世界历史地理2，以及经济、体育必修课。我们还想选一门拉丁语和一门合唱，被告知所选全部课程不允许超过七门课。也就是说，女儿要想继续参加合唱团，必须放弃一门科学课程。我接受不了这个建议。试想，唱歌哪有物理或者化学重要？和女儿商量下来，我们只好放弃合唱了。虽然她对唱歌非常热爱。

我们定下来后，顾问马上打印了一份女儿的课程表出来。课程表上按照一到七的顺序详细列出了每门课的代码、名称、授课老师姓名、教室。然后顾问领着我们，按照上课顺序，逐一参观了每个教室。女儿一天的学习生活将从物理开始，然后到小的室内体育馆上体育课。体育课必须穿着运动服上课，所以每个人有个小箱子放运动服，也有专门的房间换衣服。运动服个人购买，需要花费13美金。第三节是历史课，恰好碰到了老师在教室。第四节是化学课。女儿的午饭也将在这节课上吃。大家分四批在学校食堂吃中饭。女儿是第四批，要在12点50分才能用餐。不过老师说了，上课饿了随时可以吃东西。老师也会在课上啃苹果的。然后是经济课、数学课，一天的学习以英语课结束。

每节课之间有5分钟换课，需要从一个教室跑到另一个教室。学校的教学大楼是个“U”形建筑，我感觉在大楼里绕来绕去，完全迷失了方向。不过，顾问给了女儿一张路线图，也很体贴地给了我一份，还安慰我们说，所有的教室都在一楼，应该不难找。

参观结束，负责注册的老师给女儿打印了一张班车路线图。女儿的一天将是这样开始的：8点23分，在离我们家128米的地方乘上校车，预计8点45分到校；先去主教室报到；9点钟开始第一节课；下午3点55分下课，班车4点10分发车，4点18分到家。顾问让我们回家静等开学，并特别关照9月2日周一劳动节放假，周二才是上学第一天。

2013年8月28日，缴费

见顾问的时候，听她说起关于电脑使用收费以及体育课服装费用。这些费用需要在开学前缴纳，会有专门的时间“Fee Night”来收费，时间是本周三下午3点到晚上7点。当天下午5点我们大学有招待国际学生和访问学者的活动，所以请同事帮忙，在6点钟时来接我们到女儿的学校。我们以为来得晚些人应该会少些，没想到进到教学大楼后发现到处都在排长队。

根据指示，女儿去了二年级的缴费房间，其间一共付了77美元，其中50美元是使用电脑的费用，其他是某些特殊课程的注册费和材料费。比如体育课每人要有一个换衣服的箱子，需要收费6美元。化学课和物理课做实验需要材料费。我则和女儿分开行动，在体育馆门口排队领电脑。等轮到我时，发现要先填表，家长和学生需要分别在表上签字，是有关电脑使用安全、保管、损坏赔偿等的一些规定。还好女儿缴费后也找到我，我们一起签好字后准备拿电脑。发放电脑的老师查了一番发现女儿的电脑还没安装好，让她开学第一天直接找他去拿。

然后，我们又去排队领运动服，却发现服装的费用还没交，再去补交。一共13美元，包括一件短袖上衣、一条运动短裤。似乎不分男女，只分尺寸。我排队时看到很多人需要中号或者大号，但是已经缺货了。女儿的小号倒是还有，我们高兴地领到了。学校要求体育课必须换装，我首先想到的是难道冬天也穿这么少吗？再一想学校肯定有暖气，也就释然了。

在走廊上，我们还看到很多收费的“摊头”，有卖长袖运动服的、学校年鉴的，以及各种各样的有学校标记的纪念品，比如水杯等。这些都是自愿的，也有不少人在买。

回到家，女儿立刻试穿了体育课的服装。虽说是小号，女儿穿起来还是有些大。马上拍一张照片传给老爸观赏。爸爸说，校服一穿，有点儿像美国高中生的样子了。

我则感叹，这里的教育条件真不错呀。每人发一个电脑使用，只要50美元。校园内部网络全覆盖，学生每节课都需要带电脑上课，因为有许多教学资源需要上网链接。老师的作业都在网上，每个学生有一个学校设定的账号和密码，作业完成需要上传。这就是所谓的电化教育吧。

既然可以上网，当然可以随时在网上浏览和发送邮件。所以美国学生没有不许上网之类的规定，只有“如何安全上网”的规定，写在学生守则上。上面提醒学生哪些类别的网站不能登录，哪些需要监护人确认等。可见关于上网，封堵是行不通的，关键是引导学生安全合理使用网络。这和国内的理念有很大的不同。

2013年9月3日，校车及上学时间

9月3日早晨，我们到了预定的地点等校车。按照路线图的指示，早晨8点23分校车会在离我们家128米的地方接女儿，预计8点45分到校。可是我们一直等到8点35分，校车才极其霸气地呼啸而来，停在了十字路口。整个车上却不过只有两三个学生。女儿如期乘上了校车。车辆体型巨大，停车时禁止通行的指示牌和横杠同时开启。看这架势，双向四条道都得让行。美国的交通规则明确规定，校车上路有优先权，其特权堪比消防车等急救车辆。

据女儿说，第一天交通拥堵，她上车后又绕了很久，又停了6站接了上学的学生，到了学校已经超过9点。不过每人发了一张“PASS”卡，拿给老师看就不算迟到。下午按理说4点18分校车就到了。可是等到4点半校车才开来，要命的是车上还没有女儿。正焦虑时，女儿来电话说下午放学时错过了班车。我赶紧飞快地开车去将她接回来。原来上学和放学的班车不是同一辆车，号码不同，她以为来回是同一辆车，所以错过了。这是她粗心的代价。其实，老师给她的班车表上很清楚地表明了往返是不同的车次。女儿的第一天不算顺利，除了错过了校车，还走错了一次教室。

接下来的三天，我们每天按时去等校车，但校车每天都要迟到10分钟，再加上还要绕路去接其他的人，女儿就决定下周不乘校车了，太浪费时间，要我送她上学。下午回家时因我们这里是第二站，且准时发车，倒是一点儿不耽搁时间，所以放学时女儿还是乘校车。第一天错过校车后，女儿关注了校车的车次以及牌号，果然就不会再错。据女儿说，放学乘校车的人很多，几百个人堆在上车的地方，校车一辆辆开过来，有十几辆，长得完全一样，完全靠白板上显示的车号才知道是否是自己该乘的那一辆车，所以第一天错过也就毫不奇怪了。

在我们家门前的路上，每天早上有三辆校车经过。最早的一班是7点20分左右，接学前班和小学生上学的，他们是7点40分上课。然后是接初中学生上学的，在8点10分左右，他们是8点35上课。最后是女儿的班车，一般是8点半左右经过，高中生是9点上课。下午也是经过三次，最早的是学前班和小学生，大约2点半就到了，因为他们2点10分放学。初中在3点15分放学，3点50分之前肯定到了。最后一班是女儿的校车，女儿3点55分放学，一般在4点半左右到家。

分批次的上学和放学，可以使教育行政部门更充分地利用资源和更方便地进行工作安排。这里的校车都是由教育局统一安排，早上从7点多开动，先接小学生，再接中学生，然后是高中生。下午同样。所以其资源使用效率还是很高的。学校则不需要花费精力用在考虑此类后勤事务上。同样的例子还包括学校餐厅，也是由教育行政部门统一管理和提供服务。孩子们所缴费用进入教育局统一的账号，财务上与学校也没有关系。最有意思的是学校的一些行政管理人员也是教育部门统一调配使用的。我还记得几年前女儿所在的小学，其负责行政管理的副校长同时在两个学校服务。而校长的主要职责就是教学管理，打造具有特色和高质量的品牌学校，吸引好学生来就读。相比之下，中国的校长可是辛苦多了，光管理食堂就要费很多精力，卫生防疫、食品质监等统统来查，还有派出所、街道共建等不一而足。

不过对于这份上学放学时间以及班车时间表，我其实还是有点儿想法的。因为我觉得高中反而比小学晚上学，有些奇怪。在中国，越小的孩子上学时间越晚，因为我们认为他们需要更多的睡眠。我把这些想法说给老师听，他们说，小学生上学早，放学也早，这很公平啊。呵呵，沟通起来还真有些难。

这样的上学时间让爱睡觉的女儿十分受用，基本上每天睡眠时间都超过9小时，每天睡到自然醒。在国内时，到初三后，女儿每天要7点半之前到校上早读课。所以我必须在早晨6点40分之前叫她起床，洗漱15分钟，吃早饭15分钟，路上走15分钟，这样才能赶在规定时间前到校。冬天的早晨，看到熟睡的女儿，实在不忍心叫她，有时拖一点儿，可能就会迟到。怕我不叫她早起，女儿自己把闹铃设好，那时每天睡8个半小时，在同学中算是睡得多的。女儿和国内的同学联系，同学们说，高中时间更紧了，早上6点钟之前要起床，晚上作业一般写到十一二点，有时会到一两点钟。

书包、教材及文具

开学前三天平淡无奇，甚至可以说女儿情绪不高。因为她不能完全听懂老师的话，也不认识同学，感觉是云里雾里。我就开她玩笑，让她只要“good good study （好好学习）”，一定会“day day up（天天向上）”。我感觉，她觉得上课枯燥与老师的讲课内容有关。每个老师主要讲的是接下来的一年要学习的内容，类似于向学生介绍全年本门课的教学大纲。因为这些内容女儿不熟悉，所以听起来很吃力。

之后老师讲的是课堂要求、作业要求，最重要的是计分标准。大体而言，每门课记分主要分为课堂作业、家庭作业、平时测验以及大考四个部分，各门课每个部分各有权重。以英语为例，课堂表现及作业占20%，家庭作业占20%，平时测验占30%，大考、研究性项目、论文占30%。因此学生需要认真对待每一节课，每一次作业，每一次测验，只靠一次考试得高分是行不通的。不过，这样的记分方式也消除了学生一次考试不佳带来的风险。

每个老师对上课所需要文具的要求，各不相同，但是又十分具体。比如数学课要求作业必须用铅笔。化学课则要求一定要有计算平方根功能的计算器，这样一个小小的计算器价格至少要100美元。有的老师要求用红墨水笔作标记，还有的则要求用彩色铅笔。至于笔记，有的老师要求用笔记本，有的则要求用活页。要求用活页的则基本上都要求是用三个孔的活页夹。还有的老师要求准备小方格的活页纸，以备绘图使用。比较新鲜的是，这里的书套都是布做的，因为教材封面都是硬卡纸，所以可以用布的书套。最奇葩的是有的老师要求带餐巾纸，一盒餐巾纸加一分。还有的老师要求带干洗的洗手液。所以开学第一周我们每天都在准备文具。还好我们家对面就是CVS（美国连锁日用品店），有专门卖文具的货架。所以文具基本准备齐全，价格当然也不菲，比如一个笔记本，就要3.99美元。当女儿按照每门功课的要求，将文具一样样地往书包里装时，我感觉像是在打点要出场的演员，马上要粉墨登场了。

因为要带的文具是如此之多，让女儿的帆布书包不堪重负。这个帆布书包是她自己在网上挑选，舅舅帮着买的礼物，十分时尚。可是没有想到美国的书包不需要美丽时尚，而是需要超大容量和负重。因为除了每门课的文具、笔记，还有教科书。这里的教科书尺寸都是8开，奇厚，奇重，每本都堪比《现代汉语大辞典》。这些教材都是免费提供，但不属于个人，归学校循环使用的。女儿每天有6门文化课，一般要随身携带2～3本教科书，以及一个电脑加充电器。此外，还有每天体育课的运动服、午饭、水杯。初步估算，至少有20斤重。帆布的书包怎堪忍受如此的重负？所以我飞快地在网上订购了一个超大的书包。怪不得开学时电视台的新闻里也都在讨论书包重量的问题，我那时还想，美国学生的书包再重应该不会比国内学生的书包重吧？记得女儿上中学时，每天的书包至少有15斤重。可是跟这里的书包相比，还算是轻的。

好在不久之后女儿就可以申请储物柜，很多教材就不需要每天背来背去了。再者，每天乘车上学，行走距离并不远，还可以承受。不过，每天下午看到女儿小小的身影，身上背着巨大的书包，手里提着个饭袋，有时胸前还捧着本教材，胳膊上搭件外套，感觉美国高中生活并不轻松。

学生守则及入学教育

女儿在去ESL中心注册时，那里的注册官给了我一本厚厚的学生守则，要求我们回家仔细阅读。她还用钢笔圈出了几条重点，让我们特别关注一下。我粗粗一看，一条是关于着装的要求，要求在学校内不许戴帽子、头巾等。一条是关于网络安全的，要求学生不允许将自己的密码告诉别人。再就是注册官强调了如果学生生病，一定要打电话到学校请假，而且每天都要打电话。家长容易犯的错误是只在第一天打电话。她笑眯眯地说："其他的，你女儿应该不会违规的。"所以回家后也就束之高阁了。

女儿开学第三天，进行了一次类似国内的入学教育。所有的学生到体育馆集合，老师训话，主要是讲解学生守则。女儿对老师所讲的内容吃惊不小。因为老师所讲的大都是：不许饮酒，不许吸毒，不许带枪上学，不许使用炸药，不许性骚扰，不许搞恐怖活动等。这让女儿感觉美国的高中好可怕。我安慰她这些只是禁止发生的行为，并不是会必然发生的。她说，还是国内的入学教育感觉温暖，都是要求好好学习，天天向上，做听话的好孩子。我们讨论下来，觉得国内的入学教育主要是告诉孩子应该做什么，这里主要是告诉孩子禁区的界限，思路不同，目标一致。

听女儿说内容极其可怕，我又好奇地把学生守则拿出来仔细看了，守则一共49页，分前言，着装要求，初中生使用手机导引，高中生使用手机导引，手机及其他电子设备使用守则，学生活动约定，学校、教师和员工责任等一般要求。守则最主要的部分陈述了违规的具体表现和处罚的具体规定，共有14条，涉及考勤，滥用药品，危险物品及枪支携带，使用炸药等袭击，打架斗殴，偷窃，交通安全，烟草使用，非法入侵，破坏公物，性侵害和性骚扰，网络安全，纵火，校园欺凌。很多内容确实如女儿所说十分可怕。

但是即使是一条普通的规则，其规定的具体性和可操作性也叫人感叹。以着装要求为例，共列举了16条禁止的行为，第一条是说除非因宗教或医疗要求，教学时间在教学楼内不许戴帽子、头巾以及任何遮住头部的覆盖物。等看到第四条时，简直拍案叫绝了。第四条说，连衣裙、短裙、一般短裤、运动短裤及其他服装的长度，不能短于手掌自然下垂时中指在大腿上所指的长度，即使里面配有打底裤和紧身裤也不允许。并且除了这16条规定了什么衣服不能穿，还规定了衣服应该怎么穿。比如，明确要求学生穿裤子必须套在臀部并遮住屁股。并列出了4条被禁止的穿着方式：一是不能把衣服绕在脖子上，二是在穿短裤和短裙时腰带不能松垮，三是不能露出内衣，四是穿篮球竞赛服时不允许不穿背心。

其实国内对着装的要求也是很严格的，但是经常用的是“不许穿奇装异服”这类说辞，可到底什么是奇装异服并无具体界定。通过这样一个小小的规定，也能看出不同文化下的思维方式和处理问题方式是如此不同。

我在想，若是这样一份着装要求发给中国的学生家长，是不是会引起轰动，会不会有家长说：学校在侮辱我们的智商吗？谁不知道裤子是套在臀部上的？这也让我想起美国人对规则的重视和其执行的可操作性。规定之所以这么具体，其实就是为了执行时简便易行。我先生经常给我讲的例子就是，美国NBA比赛时处理球员打群架时的一个界定：只要坐在场边的替补队员臀部离开凳子，就算参与了群架。我想他们做很多事情时能井然有序，并讲究规则，与规则的具体可操作性有很大关系。

开学第二周，融入新学校

2013年9月9日，排球比赛

第二周开始，女儿的情况有所好转，她能基本听懂老师的话了。所有课程都开始了具体的内容教学，她觉得有点儿意思了。有时在课上，她也知道答案，可是因为担心自己的英语表达，怕说错，怕有口音，还是不敢说，所以感觉很憋闷。我可以想象女儿这样活泼的个性不说话是多么难受的一件事。

不过说话的转机出现了。女儿在历史课上碰到了她的小学同学。女儿读小学时是在市区的小学，现在则是郊区的高中，不属于同一个学区，按照这里就近入学的原则，按理说应该碰不到小学同学。可能是小学同学搬了家，总之他们是碰到了，而且是一个和女儿同年同月同日生的小男孩。因为他们还曾争辩过到底谁大，所以彼此印象深刻。女儿总算在学校里有了熟人，感觉好多了，他们开始聊天。小男孩边上的同学听说女儿会说中文时，从网上找了一段中文让女儿读。当他们听完后，吃惊地张大嘴巴。因为他们无法想象女儿如何辨认这些像图画一样的方块字，以及如何书写。当女儿告诉他们需要记住每个字的偏旁、结构以及笔画时，他们彻底晕了，也由衷地敬佩起女儿来。

小男孩不久就邀请女儿去看他打排球比赛。在这里，学校与学校之间进行的各种体育比赛是一大盛事。学校网页上有专门的公告栏，列明每周要进行的比赛以及进程等情况，有排球、足球、篮球等，每种球类还分女队、男队、高年级组、低年级组。这些球队要和本学区的其他各所高中打巡回赛，学区的冠军再和其他区打。能在体育赛事上赢得荣誉是无上光荣的事件，能充分说明学校的实力以及水平。据女儿说，学校还进行了誓师大会，类似于赛前动员。动员会上，每个人都很疯狂，球员激动，啦啦队更激动，欢呼声震耳欲聋。女儿对如此疯狂的场面有些不适应。她在国内也参加过誓师大会，是迎战中考的，口号是“为中考奋斗100天”之类。大家都表情凝重，心事重重。这里的学生却为参加体育比赛而誓师，价值取向是多么不同。

小男孩参加的是低年级组排球队，周四和另一所高中打比赛。女儿兴高采烈地去了，还花了5块钱的门票，却发现大家的水平实在不敢恭维。但是大家参与的热情还是很高涨的，家长都来观战欢呼。他们的对手水平更差，简直是不堪一击。女儿看完后，觉得自己的学校还是很了不起的。看，不过是第二周，女儿对自己学校的荣誉感开始有了。这大概就是美国学校重视体育比赛的原因吧！学校不会高喊大家要热爱学校，可是正是在无数次的比赛中，在欢呼声中，不管是作为运动员、啦啦队员，还是观众，他们有了对自己学校的认同和热爱，他们开始关注学校，把自己当成其中的紧密分子，形成团队意识，理解团队合作的意义。

重视体育比赛其目的并不仅在于胜负，而在于比赛过程中的学生参与。同理，美国大学学校与学校之间的体育比赛每年也是开展得如火如荼。美国最火热的运动是大学足球联赛。先是本州的各大学互相比，然后是按照全国分区各州的冠军继续比，最后是决出各区域以及全国总冠军。在比赛过程中，学生、老师、家长、校友全部倾情参与，兜售门票、纪念品，募捐以及全程观赛，盛况空前。所以团队意识的培养不能空穴来风，而是需要具体的体验以及实践。美国高中学校的体育比赛当中有许多值得我们借鉴的经验。

换课

第二周，当每门课开始讲具体内容时，女儿发现了自己在课程选择方面的困难。美国的高中从9年级开始，国内的高中从10年级开始。我国实行的是1～9九年制义务教育，美国则是K－12共13年的义务教育。不同的教育体系影响了教学内容的设计和授课进度。国内的教材设计倾向于在九年义务教育结束时让每个学生对每门课有个大概完整的知识体系，所以有些内容会讲得很深，但是并不是面面俱到，其中物理和化学两门课这一特点十分明显。这里的顾问考虑到她曾学过一年化学，帮她选了AP课。但是女儿发现很多基本的内容和概念，她都没有学过。我担心她基础不扎实学习会有漏洞，赶紧要她换成浅一些的课程。

于是她填了要见顾问的单子，约好时间告诉了顾问自己的困难。顾问与化学老师沟通后，将女儿放在了荣誉班。她在现在的班级，对有些内容感觉有些枯燥，可是要是跳高一级，很显然是跟不上的，因为有些基本的概念缺乏。女儿说，这里的基本概念讲得很多也很深，听上去很过瘾。因为她很喜欢问为什么。在国内时，老师讲规则、定律，解题方法讲得很多，大家花很多时间在做题目上。这里的老师则主要告诉学生这些定律的来源、推导等，题目讲得很少，而且做题目可以用计算器，似乎不需要费很多精力。

女儿还发现了荣誉班和普通班在学习气氛上的不同。荣誉班的同学更加好学，作业和项目更多。普通班的气氛就差多了。她的历史和英文现在上的是普通班，因为毕竟不是用母语，语言类的课程我还是希望她能从基础开始慢慢来。所以尽管她也要求换课，被我劝回了。我不希望这一年她学得太累。

其实她已经在挑战自己了。因为她选了AP的物理，那个班上大多是十二年级的学生，只有她一个是十年级学生。我看她作业做得很辛苦，劝她换成简单一点儿的班级，她却说这样的难度正好，非常有挑战性。想当年我的物理学得很糟糕，一度让教物理的爸爸很难堪。不过他后来告诉我，学好物理需要很好的空间概念，女孩子这方面相对较弱。女儿似乎是喜欢物理的，而且无比崇拜自己的物理老师，怎么能把那么高深的道理说得那么明白，而且是女老师！女儿在国内时物理成绩忽上忽下的，有时对自己的智商颇有些失望。而现在，能和高年级的学生一起学物理而且其乐融融，她的自信心似乎又回来了，对物理的兴趣也更浓了。

这里的选课主要看兴趣。我曾经就选课问题请教过另一个当地的高中女孩。她说，选自己喜欢的，选自己容易得高分的，选自己擅长的。这和国内的理念还真有些不同。我可能会劝女儿选一些她在某些方面比较不擅长的课程，因为可以通过学习来弥补缺陷，缺什么补什么嘛。女儿说，那是因为中国家长眼里盯的都是分数，怕有些课学不好把成绩拉下来考不上大学呗。美国高中的选课制度，则引导了学生的兴趣，给予了学生充分选择的权利，最大可能地发现和发挥了学生的优势，更加人性化，也更加符合因材施教的教育规律。

作业

第二周，各门课开始有作业了。最先吓到女儿的是AP物理课的作业，她用了整整3个小时才做完。可是做完以后才发现，这份作业并不需要当天全部完成，她可以有三四天的时间来从容地做这份作业。同样，其他功课的作业也大概如此，如果是一份需要花较多时间完成的作业，比如超过一个小时，那么老师不会要求第二天立刻交，一定会给学生更充裕的时间来完成。这样的好处是给了孩子更多个人安排时间的自由。但是不利之处也有，若是学习不自觉的孩子，忘记作业也是有的，因为老师绝不会提醒和催促。

女儿的历史作业也很有趣。老师给了一个人文主义的主题，给了一些阅读材料，让学生写四篇小短文来论述。女儿写完作文后，又忙了半天制作插图，好多还是自己亲自动手画上去。原来老师要求作业图文并茂。交上去后，老师说其中有两篇小作文要重写，因为作文中没有用到老师给的材料而是选择了自己所用的材料。后来的成绩单显示，女儿的这份作业只得了65分。女儿给我看了这份作业的评分标准：忘记写名字，扣5分；没有列明材料引用出处，扣了10分；没有用到老师所给的材料，扣10分；其他的失分点也是因为表达不规范导致。且不谈其内容深浅，老师对文章呈现的要求标准十分学术化，比如对文献的引用等相当于我们撰写学位论文时的要求。可见老师们对作业的要求标准是相当高，且一丝不苟的。这些作业成绩都会按照比例计入学期总分。老师当场安慰女儿，因为不是内容不懂，主要是表达不够学术规范，让她不要太担心，因为女儿其他的测验成绩是很好的。

女儿的英语作业是要学生们写关于自己的一首诗。老师给了很多描写人物个性的词语，让大家自己选用。这有点儿像我们小学时的遣词造句。可是当很多句子排在一起时，确实很像一首诗了，而且是描写自己的自传体诗。老师同样要求配图，而且所配的图片必须体现自己的特点。我看到女儿又是忙了半天，找图片，打印，设计，粘贴。我感觉更像是女儿小时做手工，很轻松快乐，哪像是一个高中生在做作业！当女儿完成后拿给我看，我发现这确实是一首很好的描写自己的诗，而且写得很长，写了自己的性格，自己的爱好，自己的愿望，以及所梦想的生活等。每一句都很简单，可是拼起来确实是一首主题和表达都不错的诗。女儿就这样轻松愉快地学会了如何写诗。

女儿的作业也让我十分关注这里老师的教学引导方式。我发现，不管是上课还是作业，老师们似乎总是能用简单、具体和轻松的方式，教给孩子一些复杂、抽象和深奥的大问题。比如，女儿今年开始上经济课，回来问我一个问题："我们老师说中国的经济因为过于注重平等，所以生产效率十分低下，是真的吗？"原来老师在给孩子们讲解关于公平和效率的问题时举了中国和美国的例子。那么老师是怎么把这么抽象的概念介绍给孩子们的呢？女儿说，老师上课时先让我们做分比萨饼的游戏，让大家用四条线把饼均匀分成12份。我们花了很多时间，要想每块一样大小，最多只能分成8块。我和另一个同学想出不同的画线方式，分的块数够多了，可是每块不一样大小。老师告诉我们说，这就是效率和平等的关系，有时过分注重平等，要想每块一样大小，就必须花费很多时间考虑如何分配的问题，这样生产效率就会低下。然后老师就举了美国和中国的例子，说中国是计划经济，过于注重平均，所以导致效率低下。美国是自由的市场经济，生产效率很高，可是有时就会不平均。老师比较了一串两国GDP的数据来说明这个问题。女儿的复述似乎说明她已经充分理解了这两个概念。我想起自己直到大学，学习政治经济学时才接触到这两个概念，对这两个概念也是很困惑的。我在想，若是当时有一位老师也用分饼的游戏，告诉我这两个概念的关系，也许我理解得会更透彻些。

这其实反映出了两国在教学引导方式上的根本不同。我们注重知识讲解，注重记忆。他们注重体验，希望学生从体验中获得顿悟，从而真正地理解和获得知识。前一种方式可以让学生在短时间内掌握大量的信息内容，看上去教学效果良好，后一种方式看上去效率十分低下，比如一节课光分饼游戏就用去半小时。可是从长远看，只有通过个体体验获得的知识，才真正能成为学习者的个体知识，并启发学生思考，建构自己的知识体系。

开学第三周，多姿多彩的学校生活

2013年9月16日，“奔跑”的家长会

第三周开始，女儿终于可以正常开口和同学说话了，情绪也一天比一天高。第三周的第一天9月16日是学校的Back To School Night（返校夜），也就是我们所说的家长会。之前就收到学校的电话通知，也收到学校的邮件通知，要求家长带着孩子的课程表去开家长会。

在这里还要感叹一下学校在通信方面的快捷以及方便。学校的通知似乎

都是和家长的邮箱以及电话绑定的。每周末都会收到学校的信息，告诉我们下周学校主要有些什么活动，哪些需要家长参与等。一些突然的变化也会有信息和电话留言。比如某天班车晚开了10分钟，电话马上响起，电话留言告诉家长不要焦虑，并为变化引起的不便道歉。邮件也会同时到达。在学校与家长的沟通频次以及手段的方便与快捷上，我们的差距与这里不是一点点。

我很好奇为什么要带着女儿的课程表去开家长会。女儿告诉我，那是因为家长要按照学生的上课顺序去见老师，老师又在不同的教室，所以必须按照课程表，否则会见不到正确的人。她还担心我会迷失方向，特意给我准备了教学楼的路线图，并事先指点了一番。

家长会在晚上6点半开始，先在学校的体育馆集中，再分头去孩子的教室。我提前到了一会儿，看到很多老师都在各个门口接待，发给家长各种材料，指点方向等。家长们已经来了不少，熙熙攘攘地聚到体育馆，在看台上坐好。校长等三人在场地中央放了三把椅子，算是主席台了。等时间到了，校长宣布家长会准时开始，先要求大家起立，对着国旗宣誓。这可是我人生第一遭。我随着大家起立，宣誓就免了吧，然后重新入座。校长只是简单介绍了学校最近的一些成就，然后就把话筒给了家校联合会的主席——某个学生的家长。这个角色我是熟悉的。因为之前女儿读小学时我就知道，开家长会，校长是配角，家校联合会的“头儿”才是主角。她掌管着学校家长会所有活动和经费的大权。

果然，主席一开口就向大家募捐，要大家出钱出力，共同办好家校联合会。同时向大家公布了2012～2013学术年度联合会的经费使用情况，每个家长人手一份。还发放了不少的募捐信息，以及志愿者的职位信息，希望大家积极参与。最后希望大家在选举日那天都能到场，针对汉瑞克郡的一项加税方案投票。这项税收提议主要针对在外用餐，建议每次消费时再增加4%的税收用于补充汉瑞克郡的教育费用。我估计有孩子在上学的家长应该都会支持这项议案吧。

然后校长宣布大会解散，要大家赶紧按照课程表到孩子的教室开会。教室会议7点钟开始，每节课10分钟，中间给5分钟时间换教室。我看到所有的家长都手拿地图和课程表，急急忙忙冲向孩子的教室。女儿的第一节课是AP物理。我走进去，看到一个胖胖的、很和蔼的中年女老师。老师慢条斯理地介绍了这门课包括的几个部分，果然如女儿所说，发音清楚缓慢，十分易懂。老师比较关心的是孩子们做作业累不累。因为这是一门大学先修课，有一定难度。如果家长觉得自己孩子每天花费超过1小时做物理作业，就一定要让她知道。她说：“我可不希望孩子因为这门课躲在房间里哭。”似乎没一会儿下课的铃声就响了，催促大家去第二节课的教室。我抓紧时间问老师，女儿上课是否跟得上。老师说：“看上去能跟得上，你女儿很努力，注意不要让她太累了。你女儿告诉我她做作业用了3个小时，我有点儿担心。总之我要到考试后才知道她到底是否适合学这门课，她才10年级呢。”

女儿的第二门课是体育课，我以为体育课是不需要开会的，所以直接去了第三节历史课教室。历史课老师是一名时尚且美丽的年轻女老师，她认出了我，倒是也没拒绝我进课堂。她用PPT介绍了这门课的大概内容，以及所需材料的网站链接等，正如她的作业要求，图文并茂。我还是抓紧时间问了女儿是否跟得上，她说没问题，女儿很出色，会问一些非常好的问题。

女儿倒是和我说起过的，说在历史课上如果能提出好问题，老师会额外奖励分数，她已经得到过奖励了。那是在学习各国宗教时，女儿问老师，既然各种宗教派别都宣扬本教派是爱好和平的，为什么不同宗教之间还会发生战争。老师并没有当场回答她，而是说等过些时候女儿会自己找到答案。提问题能加分，这太对她的胃口了，她从小就爱问为什么，能把我们问得理屈词穷。在中国上小学后，我让她在课上不要提问，免得扰乱课堂秩序，让老师反感。五年级在美国读书时，她发现这里的老师是喜欢学生提问的，开始养成上课提问的习惯。等回到中国时，一时改不过来，有一次上课提了三个问题后，老师忍无可忍，说她怎么会有这么多问题？初中三年，她一直克制自己在课堂上提问的冲动，一般等课下和老师或者同学讨论。现在，她又可以恢复她的天性了，很开心。她说："妈妈，在这里提问，老师表扬我，在中国提问，别人会认为我吃饱了没事干。为什么两边的差别这么大呢？"唉，我又要花上很多时间给她讲解文化的差异了。

女儿的第四节课是英语。上课的是一名年轻的黑人女老师，这位老师虽未曾谋面，却因其独特的作业要求，给我留下很深的印象。我记得她的作业要求是最长的，有好几张纸，比如，作业一定要加一页封面，名字一定要写在封面上才给分。对于课堂要求也很多，我印象最深的一条是"是我决定下课的时间而非下课铃声"，感觉有些滑稽。总之感觉老师像是一个年纪大的人，没想到本人这么年轻，还穿着很正式的套装在门口欢迎我们。到这个班来开家长会的家长很少，老师让我们一一登记了姓名和联系方式，每人还发了一张卡，这张卡可以给孩子加5分。我更加觉得这个老师有意思了，似乎有些随意，要求不高的样子。回来和女儿说起，女儿说是因为学生的缘故，因为这是个普通班，孩子们不太爱学习，需要老师引导鼓励。

第五节是经济课，因老师出去学习而没有开会。教室的门还是开的，老师在白板上留了言，向家长表达了歉意，说这是23年来他第一次缺席家长会。他已经准备好了PPT，给了链接的网址，让我们自己到网上下载观看。我其实很想见识一下这位老师的，因为他让女儿对经济学兴趣大增。他也是上文化课中唯一的一位男老师，据说上课很幽默，经常批评政府，说政府干预经济太多导致效率不高。

第六节课是数学，是一个代课的胖胖的男老师。正式的任课老师是女的，刚生了对双胞胎，要到感恩节后才来上课。老师介绍自己专业是数学，但是也学过喜剧专业，还摆了动作出来，很滑稽的样子，看上去是很容易沟通的一个人。他说自己有两个孩子和一条狗要照顾，家里离这里开车要一个多小时，所以如果大家来找他问问题时不要太晚，好让他早点儿回家。数学课我是不担心女儿的。吃惊的是会有这么多家长来开会，很多是夫妻双双来的，把教室挤得满满的，看上去这个班的家长对孩子的学习是十分重视的，这和英语班形成了鲜明的对比。女儿说，数学课是荣誉班，却有许多九年级的新生，那一定是特别优秀的学生。怪不得女儿说普通班和荣誉班的学习气氛很不一样，单从家长会就可初见端倪了。

最后一节是化学课，任课的是一位高高瘦瘦的女老师，说话语速奇快，怪不得女儿AP跟不上她的进度，语速太快影响了女儿的理解。只好换到了她的荣誉班，感觉好多了。这个化学教室感觉是个实验室，布满了化学仪器和试剂什么的，女儿说他们实验也是在这里做。椅子是高脚的，类似于坐吧台，可能是为了观察实验方便吧。化学老师给了家长一个任务，要大家画一张自己孩子的脸，要比较滑稽，还要有点特色，好让她容易记住每个同学。我写道，我女儿是班级里唯一的一个中国小女孩，应该很容易认出的。当我把卡片交给她时，她果然能叫出女儿的名字。女儿说，有个家长写自己的儿子总是用碗喝水。老师问那个叫西蒙的男孩，为什么不用杯子，小男孩说是觉得杯子太深，万一有脏东西看不到喝下去就太倒霉了。总之，这里的老师都是以种种方式与家长以及学生建立比较亲密的关系。我想这种和谐的关系反过来一定能促进课堂教学的效果，让孩子们更加热爱学习。

当最后一节课下课的铃声响起时，已经是晚上8点半多了。这个家长会开得真是新鲜，感觉自己一直在巨大的教学楼里奔跑，十分忙碌。首先，感觉5分钟的换课时间真是够紧张的，自己体验过一把，才知道女儿白天在学校是如此辛苦，何况她还背着大书包。其次，还发现他们的课桌布置也各具特色，基本是按照小组坐。英语课堂的桌椅布置甚至有点像“T”形台。没有任何一个教室是国内的排排坐的布置方式。我想，这主要和他们的教学方式有关，因为很多都是团队的项目，需要小组共同解决问题，所以需要大家团团围坐。

俱乐部

我们第一次来学校时，顾问就给了我们一份两张纸的课外活动清单，包括各种各样的俱乐部以及体育活动。学校只允许学生选七门课，空下来的时间希望孩子们多参加课外活动。好玩的女儿对这些活动十分期待。果然，从第二周开始，各种各样的俱乐部“开张”了。学生们除了在学校网站上张贴招募会员的广告吸引新会员加入，还在学校走廊上贴出许多吸引眼球的布告。

女儿拿着长长的单子，比较再三，决定参加一个辩论俱乐部和模拟联合国的俱乐部。她想提高自己的英语表达能力。去了之后，发现每个俱乐部基本上都有一位老师负责，下面有几个主要办事的人员，其他的成员则比较松散。有些俱乐部需要缴纳会费，有些则是免费的。大家一般先在一起商量俱乐部的常规活动时间，然后再选出组织负责的学生。有些俱乐部还要再选出“回校日”（Homecoming）节日时的“公主”（Princess）。

许多美国影片里都有“回校日”的场景，通常指一年一度的校友返校节。美国的大中小学校都会选每年秋季开学的某个周末做“回校日”，招待校友返校，其间举办彩车游行、舞会、各种体育比赛等活动。对美国的高中生来说，“回校日”几乎是一年中最令人期待的一天。因为这一天会按年级宣布最受欢迎的人，能评上这些称号对每个学生来说是莫大的荣誉。在新生（Freshmen）叫作Jester & Jestess，在二年级（Sophomores）叫作Lord & Lady，在三年级（Juniors）叫作Prince & Princess，在四年级（Senior）叫作 King & Queen。女生能当选Homecoming Queen是一项非常大的荣耀。在这天的庆祝会上还发给相应的王冠、权杖等。

女儿是新来的，认识的人也不多，只是随着大家傻乐。她发现辩论俱乐部居然有很多亚洲面孔的小朋友参加。她说，这说明了一个问题，我们的英语表达还不够好。在模拟联合国的俱乐部中，他们还会有许多和外校的辩论活动，其实也是提高表达能力的。在这里没有班级的概念，只有校友的概念，所以俱乐部是交朋友的好地方。因为参加同一俱乐部的人兴趣爱好基本相同，人员相对固定，每周都有一次固定的活动，且活动内容也相对比较有趣和放松。希望女儿能尽快地找到自己的小伙伴，结交新朋友。

出国，你准备好了吗

要想孩子吃苦，送他出国吧。

随着《小别离》的播放，低龄学生出国读书成为一个热门话题。最近总被家长、朋友们询问，要不要送孩子出国。

作为一名留学生家长，会劝那些一心往外奔的孩子和家长要谨慎，想明白自己的孩子是否适合国外的教育方式。

那么，到底什么样的孩子适合出国读高中呢？这也是一位名校校长抛给我的一个问题。他观察下来，国内有些学习成绩很好的孩子，出国以后似乎过得并不容易；而有些成绩平平的孩子，出国以后申请的大学甚至要比学霸高出很多档次。

媒体上也不乏有家长分享孩子出国后从“学渣”变成优秀生的经历，导致大众对出国生出许多美好的期待，甚至把出国当成一把改变孩子的“金钥匙”。这其实是一种误导。他们之所以会改变境遇，很大原因是国外对学生的评价标准不同导致。以美国私立高中为例，对学生的要求不仅是学习成绩，更讲究学生的全面发展。

三

先说学校内部的学业评估。以女儿以前就读的高中为例，要求学生课内必须达到三个A（优秀）。这三个A是指学术（Acdemic）、艺术（Art）、体育（Athlete）三个方面。

在学术方面，特别讲究GPA（学业成绩积点排名）。等到毕业的时候，全校排第一名的学生将成为毕业演讲的人，这是一件十分荣耀的事情，是要载入校史的。常青藤大学基本都在各个中学全校排前5%的学生里挑人。所以不要相信国外不重视学习成绩的传言。

在艺术方面，要求学生必修一门艺术类的课程，比如音乐、美术、舞蹈、戏剧等。这些课不是随便上上的，读音乐的要开演唱会，学美术的要开画展，跳舞的要表演舞剧。要想拿到艺术的A，需要天天练习，而且似乎光凭努力也不够，还得有些天分。

至于对体育课的要求更是严格。学校运动项目安排一般分为春、秋、冬三季，学生在每一季必须至少参加一项运动。如果能入选运动队，还要正儿八经地去打比赛。

女儿参加的游泳队，秋季训练从每年9月份开始，每天训练两小时，至少游5公里。到11月份进入冬季赛季，除了每日训练，每周末都有赛事。打主场还好，要是去客场，就得在寒风里起早贪黑地驱车去外地。比赛一直持续到来年2月冬季赛季结束。然后在3月份开始春季运动，周而复始。当然，体育成绩好，教练会有推荐信，供大学招生参考。

这三个A，只是衡量学生课内的发展成果。至于学生的课外成果，主要通过学生每年的社会公益服务时间、校内外的社团活动、研究型工作等来展现。这些都可以作为衡量学生成长发展的标尺，也影响到大学对学生的录取评价。

女儿的学校每年都会选出一位最能代表学校形象的学生。今年选出的是一个曾经用一年时间从事户外运动志愿者的女孩子。因为她的行动体现了学校关于领导力、勇气、智慧以及服务他人等的核心价值观。当然，人家的功课通过自学一点儿也没落下。这样的学生当然很受大学的青睐。

三

除了学校的评价标准相比国内更加多元，家庭和社会对学生的发展期待也很不一样。他们特别重视青少年社交能力的发展。比如，学校会经常举办各种舞会，一般是男孩子要主动邀请心仪的女孩共同前往。高中时男孩女孩就开始处朋友，被认为是具备个人魅力的表现，称之为“High School Sweet Heart”，是相当令人羡慕的。所以，那里没有“早恋”一说，更不会认为早恋是洪水猛兽。

而最重要的不同在于，孩子的选择空间不一样。在国外，孩子有充分的自由可以选择自己喜欢的科目、课外活动，以至于自己的生活方式。这种极大的选择自由，其实对孩子的自我控制能力也是一种很好的考验，只有自律的孩子才更加适应自由的环境。

国内的孩子和家长，若是对这些评价标准事前没有充分的认知，孩子出国后难免有些眼花缭乱，无所用力。所以，国内学霸若只会死读书，没有兴趣爱好，体育活动也不擅长，是很容易被当成书呆子而被同学孤立。再加上有些国内的好孩子，从小到大习惯了家长和学校的安排，往往缺乏决断能力，无法平衡好自己的生活。相反，若是孩子兴趣爱好广泛，性格开朗，善于交往，生活独立，就会赢得同学和老师的喜爱。申请大学时老师的推荐信，必定充满溢美之词。

所以，是否适合出国，主要看孩子的个性。我观察下来，那些活泼、独立、自律的孩子，出国以后往往如鱼得水。而那些依赖性强、内向寡言的孩子，即使学习成绩很好，也不一定能得到很多赏识。

还要提醒家长和孩子的是，与国内相比，国外的小学甚至初中学习生活相当愉快轻松，但是从高中开始，学业负担甚重。此外还要从事运动项目、课外活动、社会服务等，这些都需要时间。所以那里高中生的流行说法是“四小时四分”，意思是要想拿A（满分等于4分）每天只能睡4个小时。

亲爱的家长，希望你已经做好这个心理准备：要想孩子吃苦，送他出国吧。

伍

别 处

有关域外教育的

见闻，

考察，

优势，

以及警醒

美国人如何送礼

爱谁，就给谁更多的羽毛。

春节期间，很多家长开始为过节准备礼物犯难。这不禁让我想到了美国人的送礼方式，或许对大家有些启发。

来美之后发现这里的人礼数颇多，完全颠覆了我想象中大大咧咧的美国人形象，让我这个来自礼仪之邦的人汗颜。比如，客人来我家吃饭后，隔几天我必然会收到一张精美的贺卡，上面写满了感谢和赞美的话。或者帮助别人做过什么事情，哪怕小事一桩，都会有感谢的贺卡寄来。有时他们寄卡，只是表达大家能彼此相识的高兴之情，很有惺惺相惜的意思。

于是，我开始关注美国人的礼节，发现美国人送礼看中的主要是情义，所谓礼轻情义重，因此亲手制作的礼物是大家最珍视的。比如，邻居第一次送我的礼物是几枝粉红色的玫瑰，这些玫瑰是她自家院子里种的。玫瑰虽然没有花店里买的那么娇艳和壮硕，可是比那些买来的还要贵重，因为这是亲自栽培的，是一份大礼。同理，小孩子自己制作的贺卡，画的画，写的贺词，虽然歪歪扭扭，可是收到的人都会激动万分，有些要放在镜框里挂起来展示。因为礼物表达的是一份爱，这是无价的。

美国人送礼还讲究惊喜，尤其是对自己亲近的人。一位女友在婚礼上送给丈夫的礼物是为他弹奏钢琴曲。为此，她花费了很多时间练习，以期在婚礼上完美呈现。对她要送的这个“礼物”，娘家人和好友们都知道，但是大家都对新郎保密。婚礼那天，当新郎听到新娘演奏时激动得泪流满面。因为他知道妻子因小时学钢琴时有些不愉快的回忆，已久未弹琴，而如今为了爱情却能跨越障碍，可见爱的力量。

与女儿同在合唱团的小姑娘送给外婆的生日礼物是，请团里所有人到外婆家给老人唱颂歌。那位外婆每每提起都难掩激动。她对我说：“外孙女说生日那天要来看我，我没觉得有什么异常，因为那天女儿也在我这里。当门铃响起，我发现小姑娘们一个个鱼贯而入，我还是没察觉出什么，因为我知道外孙女那天在合唱团有活动，大家只是路过罢了。然后外孙女告诉我，她们专程来给我唱歌，祝贺生日。我幸福得快晕了。”看到一个80岁的老太太边说边抹眼泪，你就知道这份礼物有多贴心了。我女儿那天也一起去唱歌祝贺了，还给她们祖孙三代拍了一张效果特别好的照片。我后来问那个小姑娘的妈妈，外婆看到照片开心吗？那位妈妈神秘地说：“我们还没有给她看，我们留着，那是另一个惊喜！”

我的一位好友不单是制造惊喜的高手，送的礼物还特别实用。有一年圣诞，她写信来旁敲侧击地问我女儿平时喜欢去哪里购物，最近想买什么东西？我告诉她女儿喜欢手工香皂。圣诞节那天，女儿在她们家的圣诞树下找到了一盒子“圣诞老人”送来的手工香皂。我收到的礼物是一瓶香水，也是我最喜欢的牌子。原因是，她向女儿私下里也打听过了。

送别人最需要的也是美国人送礼的一大特色。比如，在这里请人来家吃饭，客人一定要问需要带什么来？一开始我不大习惯，告诉他们什么都不用带。可是我发现这种做法让他们也很不习惯，有点儿茫然失措的样子，会不停地问下去。后来我就直接告诉客人我需要的东西，有时是饮品，有时要色拉，有时要饼干。我发现大家都高高兴兴地领命而去，吃饭那天兴高采烈地携带而来，宾客皆大欢喜。给要生孩子或者结婚的人送礼的一般做法是，主人会选一家店将自己需要采购的东西列成清单给店主，然后告诉亲朋好友自己选定的商店名，请大家认购清单上的物品。这种做法使主客两相适宜，绝无铺张浪费和华而不实。

我最喜欢的是美国人送礼的创意性。比如，女儿小学学期快结束时，有一周是“感谢老师周”。家委会倡议在这一周中，所有的小朋友都要给老师送一件礼物表示感谢。家委会还提供了老师们的兴趣爱好供孩子们送礼参考。比如，某某老师爱吃什么牌子的饼干，爱喝什么牌子的饮料，爱看什么书等。我记得女儿送给老师的是自己种的一盆花，因为她的老师很喜欢大自然。很不起眼的一盆花草，赢得了老师的赞美和感谢。家委会还倡议孩子们通过穿着不同颜色的衣服来集体表达感谢。星期一大家穿蓝色，星期二大家穿红色，星期三大家穿绿色等。不知道老师们看到周围一片蓝或者一片红时感觉如何，相信那感觉一定好极了！

我很感叹家委会有这么好的创意让孩子们表达感谢。可是，与孩子们发明的表达谢意的方式相比，还稍显逊色。女儿高中出国那年感恩节前，同学们倡议给老师送火鸡羽毛表达感谢。女儿告诉我，每个老师将分到一只火鸡，同学们喜欢哪个老师，就把羽毛插到哪个老师的火鸡上。可是到哪儿找羽毛呢？女儿说：“学校有个俱乐部专门卖羽毛，一美元三根，我要买好多根送给老师。”买羽毛的人需要写好老师的姓名，但是不能写自己的名字，然后，俱乐部的同学会负责把羽毛插到老师的火鸡上，火鸡的羽毛越多，说明这个老师越受同学们欢迎。

羽毛开卖的那一天，女儿买回了十几根——这哪是羽毛，不过是颜色不同的硬卡纸，裁剪成羽毛的形状。我看着这些“羽毛”，想象着这些纸片该如何插到火鸡上。女儿看出了我的担心，又告诉我，其实“火鸡”也是由卡纸扎成的，设计成火鸡的样子，翅膀上留有空隙专门插“羽毛”。女儿认真地在每根羽毛上写下感谢的话。我为孩子们的创造性所感叹。这个礼物送得多神奇，不仅表达了感谢，还是对学校最受欢迎的老师的不记名投票呢！

我一直记得回国前一天，女儿的老师和同学在学校专门为女儿办了一个离别Party。活动最后，老师拿出一本厚厚的相册送给女儿。在这个相册上，每个同学和老师都有一页纸，贴着每个人的照片，写给女儿的话，以及和女儿在一起的点滴故事。校长也留了言，贴上了大大的一张照片。

这份厚礼可不是一天两天能完成的，老师是从什么时候开始发动同学们制作礼物的？同学们又是在何时背着女儿完成这份礼物的？10岁左右的小孩子又何以能天天面对女儿却守口如瓶，为的是给女儿一个惊喜？这些问题让人浮想联翩，越发觉得这份礼物不同寻常。

我们是捧着这份礼物登上回国飞机的，因为它实在是太贵重了。

美国小学阅读教育一瞥

从阅读到“悦读”。

小学四年级刚毕业的那年夏天，女儿在学业上面临一大挑战。因为她要在美国小学插班读五年级了。她那时写的日记很好地描述了自己的处境。

9月6日

这是我去学校的第一个星期，一个星期过下来感觉还行。

第一天去学校感觉累极了，因为下午一两点钟时到外面活动了不少时间。况且第一天去学校不明白各种要求，老师同学说的话也都听不太懂，所以这一天过得迷迷糊糊的。

第二天去学校已经知道一些同学的名字了，但是不会“说话”。早晨上课时有个老师把我单独叫到一个房间里，她说星期五会给我一本学英语的书。

到第三天时我已经基本适应了，还上了数学课。上数学课时我因为答对了一道难题，所以数学老师让我去拿了一颗糖。

星期五，我又得了一颗糖。星期三带我去房间的那个老师给了我一本书，让我在学校里学英语。

放学后碰到了隔壁班的好朋友，她说这个星期的星期六、星期日没作业，我有些惊奇，又好高兴。

回看这充满稚气的文章，我脑海里立即浮现出了那清晰的一幕：一个黑头发的胖嘟嘟的小姑娘，背着一个紫色的书包，蹦蹦跳跳地奔向了一群白皮肤蓝眼睛的孩子。而那些孩子，说着和她不同的语言。

那时，女儿在国内号称已经学习了4年英文。从小学一年级开始，每周有三节课。可是，也仅限于简单的单词、句子、对话。“你好吗？”“我很好！”“今天去看医生了吗？”……而那里的孩子，已经开始看厚厚的小说。

可是，仅仅9个月之后，在州里举行的语文测试中，女儿的写作和阅读居然取得了A的好成绩。不是因女儿聪明，而是他们的阅读教育有独到之处。

那么，这9个月中，在英语学习上，到底发生了什么？答案在他们的语文教学和阅读教育中。

女儿日记中提到的那个单独给她一本英语书的老师，是学区的ESL老师。他们专门辅导那些母语为非英语的孩子学习英语。所用的教材，和我们国内的英文课程有些类似，主要是单词、句子、句型，目的是让孩子掌握基本的沟通技巧。

语言能力的提升，则主要源于和本土的孩子一起参加的语文（英语）课的学习。他们五年级的教学目标是：

会列、读各种表格，熟练分数的加、减、乘、除运算；

能够利用图书馆的系统和资料进行研究；

通过做笔记对各种信息进行比较和综合；

开始撰写非虚拟的报告和五段体式的短文；

学会写正式、非正式以及朋友间的书信；

懂得对不同类型的书籍进行分门别类，能掌握一本书的主要内容，并针对其构思、背景、人物塑造、表达方式、语言艺术进行评论。

我观察后发现，女儿的语言学习，主要是通过阅读来实现。他们阅读的材料，也不是国内惯常看到的标准教材，而是老师选择的各种各样的书籍，一般都是整本学习。一个学期下来，老师一般会领着读两三本书。

我以老师带孩子们阅读《微光城市》（*The City of Ember*）这本书为例来介绍美国小学老师的语文教学过程。

这是一本科学幻想小说。“微光城市”是一个建造在地底的世界，它曾经是人类的末日避难所，依靠巨大的发电机驱动着，当初的设定是维持200年之久。随着时光的流逝，居住在微光城市的人已经不知道他们的祖先来自哪里，以为地底就是世界的全部。某天，发电机发生故障，微光城市的人发现他们面临着失去光明的危险。

同时，住在微光城市刚满12岁的莉娜和冬也面临着他们人生的重大转折。因为微光城市里所有学生在12岁毕业那天都要接受“分配日”的考验，在那一天每个人要抽签决定去做什么工作。莉娜祈求自己可以抽到信使这个工作，结果却被分配到她最不想担任的地下水管道工。而冬，则一心想去看守发电机，却抽到了信使的工作。于是，他们两个互相交换了工作。小说围绕他们的系列探索展开。

这本小说有20个章节，老师每周会带领孩子们阅读一到两个章节，主要是对故事情节和人物命运的讨论，当中穿插着一些生词的学习和写作的练习。生词是小说中出现的，孩子们需要充分理解词义后，才能更好地理解文本。写作的题目也与讨论的主题有关，似乎都是一些关乎人类生存、人生发展的大问题。需要孩子有自己的观点，还要到处查资料论证自己的观点。

我印象中单单这本小说，他们班就学了大半个学期。整本小说学完后，老师又带孩子们去看了以这本书为蓝本拍摄的同名电影。看完之后，当然还有讨论，而且还更热烈。他们全班最后达成的共识是，为了不让那可怕的微光城市出现，需要从自己做起，保护好环境。

然后他们的学习很自然地指向了下一步的行动，就是全班一起在校园周围开展了一次大规模的垃圾清扫活动。他们还在全校发出了节约能源、保护环境的倡议。每过一段时间，老师就带孩子们捡拾学校附近的垃圾。

说实在的，一开始我对这种教学过程不太适应。同国内的语文教学相比，首先感觉是学习速度太慢，学习效率太低，大半个学期学一本书，感觉语言能力强的孩子应该一两个星期就可以搞定。其次是认为老师的权限过大，随意性太强。同一个年级的不同班级，孩子们学的文本各不相同，感觉都是跟着老师的喜好。没有教材，孩子们学的又不一样，怎么保证孩子们的学习水平呢？

但是眼见着女儿从只会写句子，到开始写论文，对老师的教学也不由得刮目相看。我记得州里的写作测评题目是这样的：写一个历史上的人物，说明你喜欢或者不喜欢的理由。女儿写的是唐太宗。老师觉得孩子的进步实在太大，还复印给我一份作纪念。

我看女儿写道：喜欢他，是因为他是一位治国的好帝王，对百姓很好。不喜欢他，是因为他杀了他的兄弟才当上的皇帝。文章洋洋洒洒的有两页纸，观点明确，论证清楚，难以想象只不过半年多，她就能用英文充分表达自己的想法。我以为，假设这一年她在中国，即使用母语写作，思想上也未必能达到这样一种高度。

这是美国阅读教育的精髓，通过阅读，培养孩子的批判性思维能力和人文精神。而且他们的阅读教育也不仅限于语文课，而是贯穿在社会、科学甚至是数学等各个科目中，提倡的是一种大的阅读环境对孩子的协同教育。

三

我观察下来发现，美国的小学通过阅读培养学生的批判性思维，其中所展现的开放、自由精神以及其所能达到的高度，令人赞叹。

我曾在女儿的社会课学习材料上看到一页纸，是在讲完美国最早的居民后的一篇评论。评论的题目是：怎样才能知道你所知的是真的？这个问题把我这个学哲学出身的人吓了一跳。这可是个标准的哲学上的认识论问题，我是在大学时才接触的。

仔细一读，文章中说："虽然我们介绍了这么多的知识，但是不要以为这些知识都是正确的，这些只是目前为止我们所能知道的。就像很久以前有人认为地球是平的，后来才发现地球是圆的。以前有人认为地球是宇宙的中心，后来才知道地球还得绕着太阳转。所以永远不要认为已经知道的知识就是正确的，永远不要停止怀疑，因为停止怀疑也就停止了思考，而没有独立思考对人类的进步而言是件很危险的事情。"连历史知识都让孩子们去质疑，这种批判性思维精神的培养真令人惊叹！

除了鼓励学生质疑课本，质疑所有的知识，美国对孩子批判性思维的培养还体现在鼓励孩子们在课堂上提问，质疑老师的观点。在课堂上，每个学生都有机会发表自己的见解，"会提问题"是老师考查学生学习能力的一个尺度。学习就是在问答中完成的，应了中国的"学问"二字。

通过问答进行学习的方式，在孔子、苏格拉底那里已经被证明是最有效的教育学习方式，可惜在中国的课堂上几乎难觅踪迹。女儿回国后保持了这个提问习惯，上课的时候连问了三个问题，引来老师的一顿训斥。倒也不怪中国的老师保守，我们的班级人数首先就限制了这种讨论式的教学方式。

以阅读教育为载体的批判性思维培养，促使学生在学习方面具有很强的探究精神。每个学生都有自己的思想，他们不迷信课本，不迷信老师，也不像我国学生那么关注问题的答案、关注他人的看法。他们对问题不但有自己的见解，而且特别注重科学论证，注重在探究中寻找答案。学生都会查阅文献，寻找自己需要的信息来完成一个比较正规的阅读项目。学生的课后项目都是结合课程，从学生的兴趣和社会实际出发，题材也极为广泛，从历史到地理，从环境保护到关爱生命。

四

美国阅读教育之所以能达到培养批判性思维的目标，宽松的学习氛围和亲密的师生关系是必不可少的条件。

美国小学的课堂形式活泼，可以自由讨论，甚至可以吃东西。老师和学生常常坐在地上没大没小，上学就像在玩游戏。他们上课的方式与国内也不一样。在国内，一个班级的学生每天都在同一间教室里上课，不同的任课老师进进出出。而在美国，进进出出的是学生，不同的学科在不同的教室上课，不同的学科有不同的同学。女儿最喜欢换教室的时间。

与国内的老师相比，这里的老师有很大的权力，虽然有统一的教科书，但是每个老师可以选择其他的阅读材料。最不同的还是两国的师生关系。在中国，教师是无所不能的权威，很少有学生会对老师产生怀疑。美国的老师依然是知识的源泉，他们和学生的距离似乎要近一些，会和学生谈天、交心，像个大朋友。

比如学校的校长是位体型高大魁梧的先生，孩子们都叫他音乐先生（他的姓与音乐相同）。我第一次到学校为女儿注册时，他带我参观学校。路上碰到许多小学生，对他十分亲热。一个小男孩过来，张开嘴巴让他看看，说是自己刚刚掉了一颗牙齿。他很亲切地安慰了小孩一番。还有一个小孩拉着他的手，给他看自己做的手工。总之，孩子们对校长的这些举动，让我非常震撼。因为我脑海里校长形象还是中国式的：严肃，不苟言笑，与学生保持一定的距离。

后来在几次活动中与他相遇，看到他不是忙着布置会场，搬桌子，调试麦克风什么的，就是作为一名普通参与人员，忙着给孩子们边弹琴，边讲故事，像个慈祥的老爷爷。最有意思的是，在万圣节的舞会上，他要做一个蛋糕与家长们捐献的蛋糕比试，如果孩子们投票说他的蛋糕没有家长们做得漂亮，家长们就有权将他的蛋糕摔到校长的脸上。据说每年他都会输，把蛋糕摔到校长的脸上是万圣节活动的高潮。

有一次，女儿的眼镜片掉了下来，老师让她去找校长，因为他有很多修理的工具。后来每当女儿的眼镜有问题，都会跑去找校长。不要以为校长是个庸碌的无能之辈，我看资料介绍说，正是因为他的到来，引领了一场学校的变革，使这所学校成为当地最好的学校之一。校长对学生永远是微笑、倾听，他的办公室就在大门口，对每个学生永远敞开。他似乎很不重要，但是又无处不在，这个位置非他莫属。

女儿的带班老师是一位30出头的男老师，拥有文学学士、儿童教育学硕士头衔。我曾看到他在操场上为孩子们推秋千，转轮胎玩，想让他推的孩子排着队，他虽然累得满头大汗，还是不厌其烦地满足孩子们的要求，真是一个大好人。我有点儿担心这么好心肠的老师是否能压得住学生。

据女儿说，老师虽然和蔼，经常陪着孩子玩，但是他的话一言九鼎。因为他要求学生做的，自己首先做到。比如，老师每天都会带学生在操场跑步锻炼身体，要求大家尽量快速地跑完1迈（大约1.6公里），如果觉得不舒服可以不跑或者少跑。对11岁的孩子来说，尤其是在夏天的午后，这不是一件轻松的事情。但是据女儿说没有孩子偷懒，因为每次老师跑在最前面，而且腿上有沙袋负重。所以孩子们都心甘情愿地跟着老师跑完全程。他每年组织班上的学生家长一起为全校师生做一次意大利餐，用得来的收入为孩子们添置图书。学生们参加州里的水平考试时，他请孩子们吃早饭。

五

不同的师生关系背后，其实体现出来的是中美两国教育者不同的儿童观。美国小学的语文（英语）教育，充分体现出了对孩子学习意愿的尊重。在这里，阅读不是一项任务，更不是一种负担，而是一件有乐趣的事。

每天早晨送孩子去学校，在中国时一般听到家长说：“好好听话！好好学习！”在美国听到每个家长对孩子说的话倒也一样：“过得开心！”

上学是为了开心，有乐趣，所以孩子们的课上得很生动很活泼，学生可以随时发问，姿势也不拘一格，东倒西歪的，有时一起坐在地板上围着老师听故事，总之学生觉得怎么舒服，怎么有趣，老师就怎么来教。女儿说，有一次老师居然在上课的时候突然吓唬大家，惹来大家的尖叫，然后是老师和同学们的狂笑！

阅读内容也很有趣。比如女儿的历史书第一章写道：为什么要学习历史？首先是课程比较有趣，因为都是关于真人的故事。最重要的是孩子们不用担心成绩，因为没有班级排名，每个人的成绩都属于个人隐私。老师不能对孩子和家长以外的人谈论成绩。

以上种种，都体现了美国阅读教育方面与国内的不同风格。显而易见，兴趣是最好的老师，从阅读到“悦读”，体现出的是对个体的尊重，对独立精神的推崇。能让女儿的阅读能力有很大的提升，与他们的“悦读”教育有很大关系。

相比之下，我觉得值得国内阅读教育借鉴的有很多方面。绝不是仅仅靠引进绘本和书籍就可以弥合差距，更需要的是教育者和家长具有大阅读教育的视野，尤其在师生互动，尊重儿童的阅读兴趣等方面用力，才有可能学到精髓。

美国公立高中怎样对待考试

考试不过是一种评估手段而已。

很显然，考试同教学相比，教学更重要。

在中国由于现存竞争激烈的高考制度，分数几乎是进入大学的唯一标准。为了进入好大学，老师、家长和学生的注意力几乎都集中在孩子的学习成绩上。而在美国高中，老师和家长对考试和分数有不同的见解。在此，我以美国弗吉尼亚州里士满地区汉瑞克郡的高中如何对待考试为例，阐述美国高中对待考试和分数的一些观点，以及隐含在背后的深层原因。

一

美国高中的学业评估方式名目繁多。一般而言，分为课堂小测验（Quiz），家庭作业（Homework），项目（Project），论文（Paper），测试（Exam）等。一般在开学第一周，老师会按照教学大纲（Syllabus）的要求，就本门课程的主要教学内容作说明。其中最重要的一部分是如何评估学业水平，主要包括成绩结构、评分标准、作业任务及具体要求、学习纪律（包含考勤、处理迟交功课、作弊抄袭等）。教学大纲告诉学生怎么上这门课，要做什么事情，什么时间做，怎么做，可以做什么，不可以做什么。

为了证明学生能完全了解这些作业和考试的评估规则，有些老师还需要学生签字画押：“我已经阅读和明白这份课程纲要的内容和这门课的要求、期望和政策，而且我会遵守以上要求。”假设在学期中学生迟交作业，老师可以给零分，因为纲要已经写明白了迟交作业是零分。所以会有学习很好的同学，长长的成绩清单上来上一两个零分，那是因为忘了交作业。想补上作业拿个分数？想都别想，这里没有讨价还价的余地！

具体到科目，因老师授课的内容不同，各项评估所占份额也不相同。各门课每个部分都各有不同权重。以汉瑞克郡DSF学校的英语课为例，每半个学期的计分主要有：课堂表现及作业占20%，回家作业占20%，平时测验占30%，考试、研究性项目、论文占30%。这里的作业主要有三类，一是集体合作项目，二是论文写作，三是独立研究。因此这要求学生认真对待每一节课，每一次作业，每一次测验，只靠一次考试得高分是行不通的。同时，这样的记分方式也消除了学生一次考试不佳带来的风险。

考试（Exam）作为学业评估的一种手段，在美国的高中运用广泛。可是美国高中学校似乎不重视考试，除了各个州的学业水平测试（SOL），这里很少有各学区组织的统一考试。一个明显的证据就是，在中国书店里琳琅满目的考试辅导资料，在美国的书店几乎不存在。甚至，美国的教育管理部门会因为天气不佳取消期末考试。某年1月，弗吉尼亚州的汉瑞克郡就因为大雪取消了考试，教育管理部门还专门为此发布了公告。从公布的原因中，不难看出美国高中对待考试的态度。

公告说，“汉瑞克郡公立学校已决定取消所有高中班级的期末考试。出于许多原因，督学、行政管理者和校长现在相信这是对学生最有利的决定”。然后列出了一长串原因。我研读下来，取消考试这一决策的主要原因真有些令人大跌眼镜之感：

第一，需要额外的一整周的时间才能完成考试。在这种情况下，我们认为花费这么多时间用于考试不值得。没有任何考试值得浪费一周的教学时间。

第二，学生们因大雪不在学校已超过一周，若是没有任何准备，一回校就让他们考试，学生们肯定觉得不舒服，我们认为考试不是最好的选择。

第三，我们调查下来，所有的校长都乐意取消考试。他们认为若是用一周时间考试，就会损失一周的教学时间，这是不可接受的。

第四，超过100个学生和家长给督学写信，认为继续考试会影响教学时间，对学习效果不好。

从这些列明的原因可知，美国高中的教育工作者和家长，对考试并不怎么当回事。考试不过是一种评估手段而已，很显然，考试同教学相比，教学更重要。

二

可是，公告里又说了，虽然大批正规期末考试取消，但是学生还是可以自愿选择是否参加期末考试，需要期末考试的学生要自己和任课老师联系。而且不管成绩好坏，自己得接受，不得反悔。这又是为何呢？会有学生自愿选择考试吗？带着疑问，我采访了某高中的部分学生和家长。还真有学生自愿选择参加考试！原因很复杂，这需要从美国高中学业评估的计分体系说起。

美国高中学生学业评估计分采用GPA计算方法。所谓GPA，是指Grade Point Average，代表学生的学年总成绩平均表现，比较流行的有三种分制：4.0分制、百分制和字母分制。在美国大多数高中学校GPA计算方法为4.0制（4.0 scale）。因为很多大学公布被录取学生的平均成绩点时，都会采用4.0

分制，所以高中老师在教学过程中，无论采用了百分制或字母分制，学生的成绩最终都会被转换成4.0分制的成绩。

在汉瑞克郡，采用的是最高分值为4.0，分为5个级别的计分体系。在日常评估中，老师虽是用分数或字母评分，但最后都会转成4.0分制。在汉瑞克郡，4.0分制、百分制和字母分制之间是这样换算的。[1]

A=4.0=93～100

B=3.0=85～92

C=2.0=77～84

D=1.0=70～76

F=0.0=70以下

这其中所谓的93～100，并不是指卷面的实在分数，而是采用学业评估的钟形曲线比率，指学业表现超过了班级中93%以上的学生。这个比率的换算也是相当复杂，教育部门有专门的计分换算系统，包括计算学生每一次的小测验、作业、论文、考试以及课堂表现等，都会输入电脑系统，学生和家长随时可以查看。对于一年的课程，其中每1/4个学期（Quarter）的成绩权重为20%，共四个学期；两次期末考各占10%。从这些规则看，取消一次期末考试，不过是取消10%的权重计算而已，还真不是什么大事。

这个系统的奇特之处不在于这个计算方法有多复杂，而在于每个学生的成绩不仅取决于自己的学业表现，还要依赖别人的表现。比如某一次考试题目简单，大家都是90分以上，某学生考了95分可能只得B。而某次考试很难，大家平均只有30分，那么某个学生虽然只考了50分，仍然可以是A。

---

1 http://www.henrico.k12.va.us, *PLANNING GUIDE for Students and Parents*, *2013–2014*, HENRICO COUNTY PUBLIC SCHOOLS.

学期总平均基点（Overall GPA）就是将一年全部所修学科按照某个公式计算出来的点数。在汉瑞克郡，具体的GPA是这样计算的。某学生的5门功课的学分和成绩为：

A课程1个学分，成绩95%（A），得点数为4；

B课程1个学分，成绩85%（B），得点数为3；

C课程1个学分，成绩98%（A），得点数为4；

D课程1个学分，成绩75%（C），得点数为2；

E课程1个学分，成绩81%（C），得点数为2。

以上5项成绩GPA：GPA=［（4×1）+（3×1）+（4×1）+（2×1）+（2×1）］/（1+1+1+1+1）=3.00

从上面的计分标准可以知道为什么即使大批考试取消，仍有一些学生会自愿选择考试。比如，一位同学就选考了化学。因为她目前的总评在84%（C），GPA为2。若是这次期末考试考得好（权重10%），她有可能冲上85%，得B。相应地，她这门学科的GPA在这个学期会变成3。所以会有学生冲着提高GPA成绩而参加考试。当然，若是考不好，考砸了，GPA掉下来也只有认了。不管怎样，那是学生自己的选择。

不过，自2014年起，汉瑞克郡对5档的计分体系进行了改革，因为很多学生和家长反映档次太少，不足以体现公平。自2014年秋季学期开始，教育部门采用了12档的计分体系，细分了学生之间的学业表现差异。2014年秋季学期起的计分方式如下：

A+=4.0=97～100

A=4.0=93～96

A−=3.7=90～92

B+=3.3=87～89

B=3.0=83～86

B−=2.7=80～82

C+=2.3=77～79

C=2.0=73～76

C−=1.7=70～72

D+=1.3=67～69

D=1.0=65～66

F=0.0=65以下

在采访中我发现，有些学生的GPA会超过4，这又是为什么呢？这是因为有些学生选修了大学预科课程（AP）或者荣誉课程。在汉瑞克郡，选修AP课程或者荣誉课程可以乘以难度系数，增加分值。

比如，若是AP考试得了4，换算成标准分就是4×（1+0.17）=4.68。所以我接触过很多被知名大学提前录取的学生，他们的GPA都超过了4。

这说明学生选修了很多的AP课程或者荣誉课程。

这样的加分方式对学生来说又面临着一大考验，就是选课。是选择有难度的课程还是简单的课程？选择难度高的课程，成绩可能会不高，但是会有额外加分。而且，选择难度高的课程，对将来的大学申请很有帮助，还可以抵扣大学学分。选择简单的课程，作业少，也容易拿高分，可是，再好也就封顶得4分。了解下来，美国的同学还是喜欢选简单的课程，趋乐避苦大概是人之本性吧，何况他们还是孩子。选择荣誉课程似乎是很合算的，因为功课不是最难，但是加分和AP一样高。

不过，为了鼓励孩子们知难而进，汉瑞克郡自2014年起对AP和荣誉课程的加分方式也改革了。自秋季开始，选择AP，直接在这门课的分数上加1分，最高可以拿5分。而荣誉课程，直接在这门课的分数上加0.5分，最高才可以拿4.5分，差距又拉开了。可见对美国的中学生来说，人生果然就是不断地去选择。

三

从上面的调研可以看出，同学校的正常教学相比，美国高中的老师、学生和家长对于考试并不怎么重视。可是，他们认同考试是一种很好的评估学业的工具，而且对于这个工具的选择使用上，十分精细周到，期待这个工具能公平反映学生的学业真实水平。我在此以SAT考试为例，分析将考试作为评估工具的一般运用。

SAT全称为Scholastic Assessment Test，由美国大学委员会主办。[1]它之所以有名，是因为SAT考试成绩，以及ACT考试（American College Test）成绩，在申请美国大部分大学时都是必须提供的。最开始SAT指“学术倾向测试”，后来又改称“学术评估测试”。现阶段进行的SAT考试的形式是从2005年3月开始的，考试分为两大类，一类为SAT Ⅰ，称为理解测验，考试内容为英文阅读、写作、数学三项科目的综合考试。考试总时长3小时45分钟，总分2400分。另一类为SAT Ⅱ，称为科目测试，有文学、历史、数学、物理、化学和外语等共20个单项科目供学生选择参加考试。

SAT考试分数算法相当复杂，每个科目分开计算。

阅读科目，以正确个数减去错误个数乘以1/4后，四舍五入到整数，得到原始分，再由原始分值通过换算表（根据每次考试难度调整）换算为200～800

1 参考：http://sat.collegeboard.org/home

分的最终成绩。

数学以选择题正确个数减去错误个数乘以1/4后加上填空题正确个数，算法和阅读相似。

写作以选择题正确个数减去错误个数乘以1/4后，四舍五入到整数，得到选择题原始分，再配合作文（0～12分）分值，通过换算表（根据每次考试难度调整）换算为200～800分的最终成绩。

令我感到震撼的是，美国学校对SAT这一评估方式的多元运用。除了用作大学申请，其主要目的在于帮助学生评估自己的学业水平。一份SAT的成绩反馈有10页之多，详细列明考试参加者现在及未来每门课的得分区间，在所有参加考试人员中的位置等。成绩报告基本部分为：对本次参加测试人员的分析，包括性别、年级、国籍等基本信息。参加考试者每门课的得分，以及在全国的排名，所在州的排名，所在学校或考点的排名，平均分数等。可以说，每个参加考试的人员对自己在学校、在州里、在全国等不同样本的参考者中的表现水平一目了然。

长达10页的成绩反馈还提供了每道题目的难度以及正确答案，作文的评分标准，甚至还有扫描后的个人作文的电子文本。所有这些都可以在网上注册后得到。考试者还可以根据自己错误较多的部分从题库选择题目进行练习，以最终掌握知识要点。此外，每次的SAT测试都有单独的难度测试部分，用于确定本次考试的难度，便于与以往的考试进行比较。所以与其说SAT是一次考试，还不如说是一个巨大的学业分析评估数据库。

根据SAT的组织者美国大学理事会的观点，SAT主要是考察学生们在大学阶段所必需的阅读和写作能力。大学理事会称，SAT会考查学生把学到的知识付诸实践，运用、分析、解决问题的能力，而这些知识在大学是至关重要的。他们表示，SAT成绩和GPA成绩结合起来，可以更好地让大学招生委员会了解一个学生的水平。SAT作为一个标准化的考试可以使GPA这种区域性的成绩，在更广的范围内具有可比性，同时也可以削弱因资金、课程、评分标准等其他因素对学生客观评价的影响。

可以说，在目前各种考试体系中，SAT是最能客观反映学生真实水平的考试之一，但是仍引来诸多批评。2014年3月5日，美国大学理事会宣布将对SAT进行改革。这次的主要改革目标是：终结长期以来对猜错答案者的惩罚，削减语义模糊的词汇，把写作变成考试可选项。理事会给出的改革理由是，因为大学入学考试没有充分侧重于考察重要的学术能力。理事会会长科尔曼说，SAT和ACT考试都和美国高中的教学工作脱节，课堂教师对考试的敬意也是微乎其微。只有20%的教师认为，大学入学考试是衡量学生学业成就的公平指标。[1]

而我个人以为，SAT改革不可能平息对标准化考试的所有指责，因为说到底考试不过是一种评估工具。批评者早就指出，高中成绩是比标准化考试分数更精准的大学成就预测器。近些年，更多的大学采取了“考试可选”模式，允许学生们放弃考试，递交他们的平时成绩评分、成绩单或者经过评分的文章。事实是，作为曾经声名显赫的大学入学考试，SAT已经在ACT面前丧失优势，后者更直接地扎根于高中课程，目前吸引的考生人数比SAT略多。2013年，有180万名考生选择了ACT，170万选择了SAT。商业利益也许才是改革的一大原因。

1 参考：A New SAT Aims to Realign With Schoolwork, By TAMAR LEWIN, March 06, 2014, *The New York Times*.

四

我在美访学期间，采访了近百名校长和老师，没有一个人支持州里的统一考试SOL（Standards of Learning）。SOL考试源于1983年里根政府全国优质教育委员会发布的报告《国家在危急中：教育改革势在必行》。这份报告在大量实际调查的基础上指出，美国的基础教育很失败。因为在与世界其他发达国家的学生一起接受的测试中，美国学生排名落后。这份报告引发了一系列教育改革，其中以2001年布什政府颁布的《不让一个孩子掉队法案》影响最大。根据该法案，联邦政府要求各州制定出基本教育要达到的指标，各州每年度进行统考，即SOL考试，督促学生达到这些指标，指标各州自定。公立学校都要参加这个考试，州统考成绩不合格的学校有被核减拨款，甚至被撤销的危险。

对此，大多数老师认为用分数衡量孩子的学业很愚蠢，因为每个学生不一样，成绩说明不了任何问题。美国的老师们普遍认为，孩子的自我认同感、自信心、冒险精神、百折不挠的精神和勇气等才是更重要的。在具体的学业发展上，美国教育很注重培养学生的批判性思维，初步养成基本的学术素养。这里的课程设计注重学生发现问题和解决问题的能力而非成绩。他们不看重一次考试成绩，而是注重学生的思维训练，培养学生的学习兴趣，养成良好的学习习惯。

所以这里的教育除了把重点放在塑造学生的品性上，在学术方面主要是启发智性，培养学生的好奇心。所有的课程设置旨在帮助学生培养自我审视的习惯、批判性思维、创造性想象，教会学生用不同的角度和方法去思考和解决问题。这里的老师通过鼓励学生提问引导学生发现问题，进行学术思维训练。学生如果能提出好问题，老师会额外奖励分数。

家长一般也认为，比分数更重要的是孩子要快乐，身心健康，对自己有信心，对社会有担当。因为在大多数美国人眼中，分数的作用很有限。2013年6月，谷歌公司的人力运营高级副总裁博克，在接受《纽约时报》布兰特采访时提到，“GPA作为一个招聘依据是毫无用处的，考试分数是毫无用处的……我们发现它什么也预示不了”。他还提到谷歌员工中没有接受过任何大学教育的人越来越多，在某些团队已经高达14%。

当然博克一开始也说了，有好成绩当然不是坏事。谷歌的许多工作岗位需要数学、计算和编程技能，如果好成绩真的能反映应聘领域的技能，那么会是一项优势。但谷歌考察的远不止这些。不管什么职位，他们首先关心的都是一般认知能力。这与智商无关，是一种学习能力，是随机应变的能力，是把各种不相干的信息组合到一起的能力。其次是领导力，比如出现问题时，作为团队的一员，会不会在合适的时候站出来领导大家。要出于责任感，出于主人意识，站出来努力解决问题，更要出于谦虚而退让，接受他人更出色的想法。博克说了一个很重要的道理：学位并不代表有能力做任何的工作。这个世界唯一关心的是你用自己的所知能做些什么。因为在这个时代，创新越来越重要。

其他研究则发现，标准化测试分数确实与创新相关性不大。有些研究认为，数学和科学的天赋无法用考试成绩鉴别。比如，遍布高等工程、计算机、数学和物理学领域的美国白人男性，只有不到1/3的人在SAT数学考试中取得650分以上的成绩，而大于1/3的人SAT数学低于550分。在最高科技层次领域里，科学成就和考试分数也没什么关系。甚至美国本土人士想当然地把科学家和土包子画等号。2008年，美国数学学会调查了一系列旨在发掘优秀人才的国际著名数学大赛参赛情况。数据显示：美国选手几乎全是移民来的孩子，且很少有女选手。这项调查的作者称，美国本土学生无论男女坚决不参加数学俱乐部和数学竞赛，因为只有亚洲人和书呆子才会自愿去学数学。[1]

还有学者研究了PISA（国际学生评估项目的缩写）考试成绩和创造力的关系，发现在PISA得分较高的国家，其企业家精神及创新的能力不高。如下图，蓝线代表的是PISA成绩，灰线代表的是创业能力。而且似乎呈现反比趋势。这些实实在在的数据让美国人相信，考试分数真的是没什么大不了的。[2]

PISA数学成绩与创业能力观测值排序

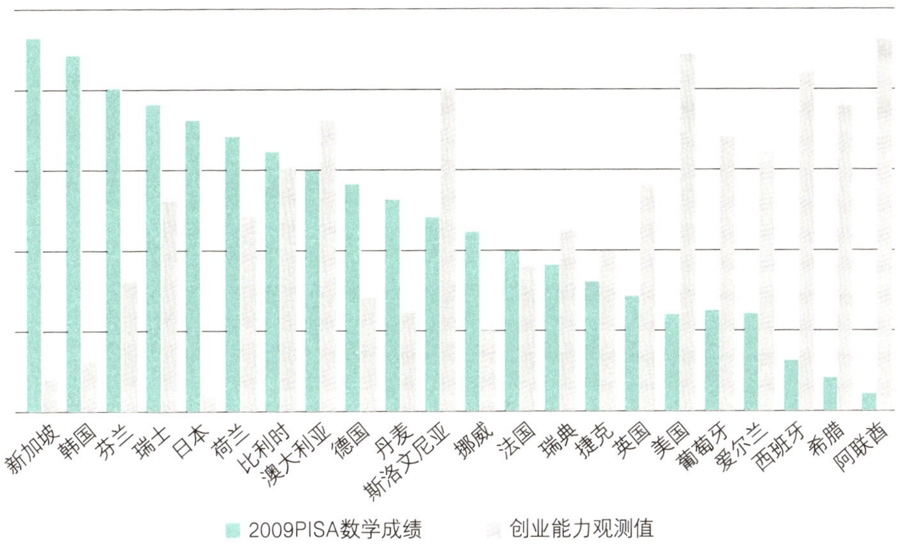

所以，当上海的学生PISA测试取得全球第一，当中国的中学生不断考出SAT满分时，不妨看看美国当地学校对于分数的看法。这些观点让人警醒。

---

1 参考：Why Are There Still So Few Women in Science? By EILEEN POLLACK，February 24，2014，*The New York Times*.

2 转引自：Yong Zhao，World Class Learners：Educating Creative and Entrepreneurial Students，2012，Thousand Oaks，CA：Corwin. Data source：http://www.gemconsortium.org/docs/download/2201

赢在中点

美国高中阶段的教育优势体现在，
从制度安排、教学模式以及教育评价等诸多方面，
帮助学生完成了人格以及学术准备。

高中教育改革是基础教育改革的重要突破口，社会上对一系列教育热点问题的看法都直接或间接地与高中教育有关。与基础教育领域其他学段相比，高中改革与发展面对的情况更加复杂，问题也更为多样，因此抓住高中教育也就是抓住了基础教育改革的关键。而高中定位问题是高中教育改革的核心问题之一。2008年英国出版的《ROUTLEDGE国际教育百科全书》概括了近年来中等教育定位中所涉及的三个主要矛盾：

第一，精英性与大众化之间的张力与矛盾；

第二，普通教育与职业教育课程的张力与矛盾；

第三，终结性与预备性教育之间的张力与矛盾。

也因此，高中教育通常存在三种功能：基础教育、职业准备和大学预备教育。正是这三种功能的同时并存，使得高中不得不始终面临大众与精英、基础与分流、应试与素质、均衡与特色等两难问题，成为世界教育界公认办学最为困难的学段。对这一阶段的教育探讨殊为必要。

在美国访学期间，我受邀参与了由里士满大学教育领导力中心组织的为期一年的“为下一代的教育领导力”教师培训项目，有机会与来自各个中学的

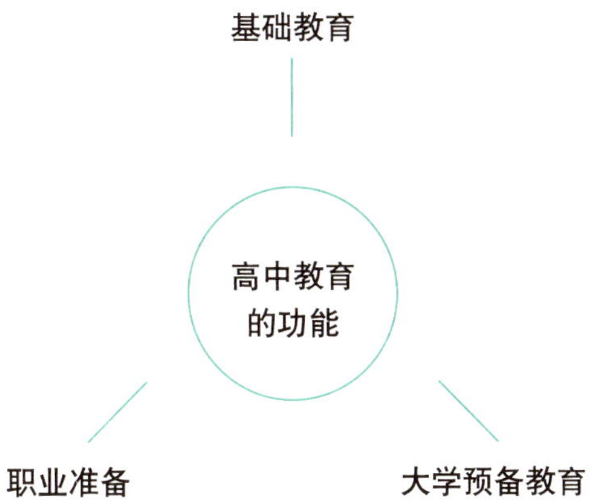

老师就基础教育领域的多个话题展开讨论，并在他们的邀请下去多所学校进行实地调研。在调研中，由于观点的碰撞以及亲身所见与中国教育的诸多不同，引发了我对高中教育的全面思考。通过一学期来对当地公立高中的考察，我发现由于教育行政部门在教育资源配置等方面平衡了职业准备和大学预备等多重需求，美国的高中教育很好地解决了定位问题。这里的高中教育从制度安排、教学模式以及教育评价等诸多方面，帮助学生完成了人格以及学术准备。探究美国高中教育的某些成功经验对中国的高中教育改革具有启发意义。

青少年的身心发展是一个连续的过程，其发展的连续性应包括两个方面：首先，其身心发展过程是一个整体，应该具有一种整体的教育观念与制度安排，各个阶段的教育应该服从这种整体性。

其次，青少年身心发展的阶段性特征及其教育的不同阶段之间，应该是相互联系或衔接的。按照教育家杜威的观点，如果教育的不同阶段与不同部分之间缺乏过渡或衔接，则属于彼此之间的隔离，而这种教育的隔离是教育中最大的浪费。美国的高中教育由于定位准确明晰，很好地实现了与高等教育和职业教育的衔接，教育制度安排给学生提供了连续性发展的机会。

美国高中在教育定位上十分明确。在我所考察的地区，实施的是K-12的共13年义务教育，因此高中教育具有普通基础教育的特征，其目的就是进一步提高学生的综合素质和文化水平。同时，因其是义务教育的终结阶段，必然要为迈向高等教育和进入职业场所做好准备，因此这里高中教育的主要功能是作为高等教育和职业教育的预备和衔接。

具体表现在，在学业发展方面，美国高中教育很注重培养学生的批判性思维，初步养成基本的学术素养。为了让学生做好学术准备，老师会通过种种方法训练学生掌握基本的学术规范，并通过鼓励学生提问引导学生发现问题，启发智性，培养学生的好奇心。老师注重学生的思维训练，培养学生的学习兴趣，养成良好的学习习惯。在人格塑造方面，学生在高中4年要花费大量时间参与体育运动和社会活动，这些能帮助学生养成良好个性，培养独立精神和社会责任心。美国的高中生除了通过社会公益活动养成公民责任，还通过兼职工作参与真实社会生活，培养独立精神。

美国公立学校的制度安排也帮助学生实现了受教育的连续性。在这里实行的是六、三、四学制，高中学制4年：

一年级称为新生（Freshman）；
二年级是自以为聪明的傻瓜（Sophomore）；
三年级叫作初级生（Junior）；
四年级才被称作高级生（Senior）。

这些名称与大学校园对学生的称呼完全一致。即便只从名称上看，也能体会到高中为实现与大学的衔接所做的准备。同时高中的许多活动与仪式和大学节奏也基本一致，比如各种俱乐部、舞会、毕业典礼，内容十分丰富多彩。此外，各所高中还设有专职的教育顾问以便学生就学业发展进行咨询。教育顾问将陪伴学生4年，顾问除了在选课方面提供咨询，还为申请大学提供十分具体适用的建议，并为自己所负责的每个学生撰写推荐信。

反观当前我国的高中教育，因为当下实施的是五、四或者六、三式九年制义务教育，由于教育资源不足，学生不得不在九年级进行筛选和分流，现存体制打破了学生受教育与发展的连续性。美国高中阶段（15～18岁）的4年中，中国的学生在第一年接近一半的时间准备中考，最后的一年在准备高考，由于考试竞争的激烈，学生需要花费大量时间复习。为了能在追逐优势教育资源中的竞争中胜出，不得不通过扩大知识的学习范围和增加难度获取微弱优势，这加重了学生的生理和心理负担。

以上海为例，近期发布的第二次PISA测试结果表明，在课业负担因素分析中，上海学生的校内上课时间为平均每周28.2小时，在65个国家和地区中列第9位。作业时间为平均每周13.8小时，在65个国家和地区中列第1位。[1]更重要的是，因为学生在4年中有一年半（37.5%）的时间在进行重复训练，这种以记忆为主的教育训练扼杀了学生们的想象力和创造力。而发展是不可逆的，这种重复训练造成的后果在高等教育中暴露无遗。对中国教育的评价有一个近乎公认的观点，即虽然中国的高等教育排名靠后，但是中国的基础教育是领先世界的。既然中国的基础教育领先，那么为什么那些接受了领先的基础教育的中国孩子在进入大学后，会变得缺乏竞争呢？从以上论述不难看出，中国的教

1　2012年上海学生第二次参加PISA测试，测试表明学生间的差异很小，比OECD平均来说更均衡。在65个国家地区中，上海属于学生间学习机会差异小、数学平均成绩高的地区。

育正是在这关键4年中开始和美国等高等教育领先国家拉开差距。

相反，恰是在这关键的高中4年中，由于学术准备和人格准备充分，美国高中学生获得连续性发展，使他们能迎头赶上，完全超越了我国在小学和初中阶段所获得的教育优势。因此，有学者提出，为了实现教育的连续性，在不同的学段安排一定的时间和精力，为下一学段做准备很有必要。“根据我国高中教育发展实际以及国外经验，高中教育定位变化的主要内涵之一即是加强与大学的衔接，增加课程与教学的选择性、学术性和学生学习的自主性。”[1]《国家中长期教育改革和发展规划纲要（2010—2020年）》也指出，“推动普通高中多样化发展”“鼓励普通高中办出特色”“鼓励有条件的普通高中根据需要适当增加职业教育的教学内容”。而不管哪种类型，不管怎样改革，它们都应为学生做好知识的准备、能力的准备、人格的准备，满足青少年学生连续性发展的需求。

随着社会的发展，学校已不再是一个封闭和远离社会实践生活的场所。联合国教科文组织提出终身教育的理念，提出教育的目的是培养完人。“把一个人在体力、智力、情绪、伦理各方面的因素综合起来，使他成为一个完善的人，这就是对教育目的的一个广义界说。”[2]

新的教育模式培养的新人是：这个新人必然能够在他日益增长的理解能力、机体能力和情感与道德方面建立一种和谐状态，而且这种新人只具有人类

1　谢维和：从教育的间断性与连续性看高中改革——再论高中教育的定位与选择，《中国教育报》，2012年3月2日，第六版理论周刊。

2　联合国教科文组织：《学会生存》，教育科学出版社，1996年版。

智慧和人类技巧是不够的，必须感到自己与他人之间融洽无间，具有一种人类和谐。[1]所以教育应满足学生的个性化发展，关注学生个体发展是否完善。因为“人类发展的目的在于使人日臻完善；使他的人格丰富多彩，表达方式复杂多样；使他作为一个人，作为一个家庭和社会的成员，作为一个公民和生产者、技术发明者和有创造性的理想家，来承担各种不同的责任”。[2]

来美之前，我以为美国高中属于义务教育阶段，实现了教育均衡发展，应该没有类似国内的重点学校和特色班之类，考察之后才发现自己的认识是相当局限的。在大里士满地区的高中教育阶段，不仅有重点学校，而且每所普通高中学校都设有特色班。这里的重点学校叫作Governor’s School（州长学校）[3]，特色班则被称为Center（中心）。美国义务教育阶段实行的是就近入学原则，但是州长学校和特色班则是跨地区的全市招生，所有学生经过选拔，需要通过严格的入学考试才得以进入。

大里士满地区设有两个州长学校，在每所普通高中都设有特色班。政府教育行政部门在对州长学校和特色班的教育资源配置上投入颇多。

首先是对师资的选择聘用标准较高，这些学校和特色班的老师大多具备硕士以上学历。

其次，在课程设置上，这些学校和特色班的学生可以多选一门课。普通高中每学年一般选7门课，这里可以选择8门，这同样需要加大投入。

最让人吃惊的是，教育行政部门会为所有学生提供免费班车。要知道这两所学校和各个特色班的学生并不是就近入学。可是学生只要能考入州长学校

1　联合国教科文组织：《学会生存》，教育科学出版社，1996年版。

2　同上。

3　州长学校是弗吉尼亚州为天才学生设立的专门学校，在整个州大约有18所。

和不同的特色班，教育行政部门就会在学生家附近安排校车接送点。

可见教育部门对这些天才学生是呵护有加的。教育资源的倾斜配置从制度上保证了这些天才学生受到最好的教育。由于学生在高中4年获得的教育优势，这些人在高中毕业后百分之百可以升入知名大学，未来将成长为社会各界的领军人才。

从在整个地区层面为资优生设置州长学校（分层），到在每个学校设立特色班（分类），再到每门课开设不同难度的课程（分层），学生可以根据自己的优势自由选课（分类），这里整个教育资源的配置和教学设计，使学生能各取所需，愿意学习且乐于学习。由于学校提供的学科多种多样，内容深浅有多种选择，在教学管理方面实行选课制，在学籍和学业管理上采取学分制，所以每个学生的课程表各不相同。这满足了不同学生的需求，实现了因材施教，使学生获得了个性化的发展。

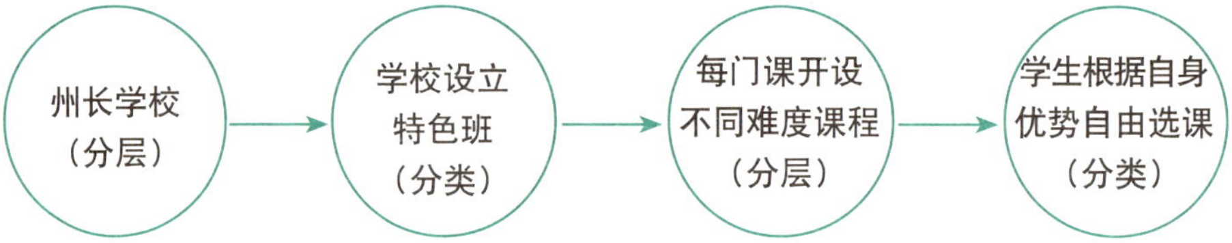

美国在中学开设大学先修课程（AP）也是这种教育理念的产物。对此，也有专家提出建议："我国普通高中可以安排适当的时间完成大学预科任务。这种高中功能的调整，将促使我们进行基础教育学段改革的探索，促进中国特色的大学预科课程的开发，也促使高中固定班级授课方式的改变。"[1]

1 谢维和：中国的高中教育是否正在发生转型——三论高中教育的定位及其改革，《中国教育报》，2012年6月8日，第六版理论周刊。

三

大学教育和大学招生模式一直是影响中学课程建设、评价标准的重要因素，美国大学录取中的评价机制在很大程度上也左右了美国的高中教育发展方向和定位。

大学录取最重要的是对学生人格的考量，包括善良、自信、诚实、公正、包容，以及独立自主的意识。因此大学关心的是学生的个性、价值观、特长等体现孩子领导力的方方面面，学术成绩不过是入门指标。因为人才具有多种类型。善于考试能够得高分，说明学生学术素质高；能花大量时间参加社会活动也是优秀素质的表现；参加体育活动成为优秀的运动员，也被认为具备优秀的素质。在大学入学标准这个指挥棒下，高中学生得以全面发展。

在学术评价方面，与标准化测试成绩相比，大学录取更看重候选人的学习动力和学习潜力。在美国，由于高等教育的发达，拿到高中毕业文凭的高中学生全部可以升入大学，并没有千军万马过独木桥的考试压力。可是有些学生依旧学习很用功，而且学习的乐趣不言自明。是什么力量让他们以苦为乐？

我观察的原因是：这些人对所学领域的知识怀有强烈兴趣，心中激荡着未来的使命感，这使他们能持之以恒、坚持不懈地努力。这个特点在高中学生的独立研究项目中体现得最为明显。独立研究课程是专为那些学校常规课程已无法满足需要的学生而设置，学生可以根据自己的学术兴趣与老师进行商讨以决定自己的选题，在老师的指导下独立完成相应的研究报告。

我曾看过一份独立研究报告，一个女孩曾随父亲去精神病院做义工，在此过程中她了解到精神病是难以治愈的，只有靠药物控制使病人镇静，但有不少副作用。现实情境让孩子感触颇多，于是她选择精神病的病情根源作为独立研究项目。完成这个项目并没有时间限制，所在高中的指导老师也不是这方面的专家，但会想方设法指导学生沿着正确的方向进行研究，以及为学生找到更合适的指导老师。正如苏格拉底所言，未体察的生活没有生活的意义。只有当孩子们理解学识对于解决现实问题的意义，他们才会发现学习的快乐。学生的这些探索历程会成为申请大学时的亮点，因为美国大学主要通过学生的个人陈述和论文寻找和自己学校的价值观相匹配的学生。

考察后我发现，大多数美国高中学生的繁忙程度不亚于国内高中生，只不过学生的精力并非全部花在学习上，他们把更多时间分配给了运动和社会实践，除了因为这些活动能帮助学生养成良好个性、培养独立精神和社会责任心外，美国高中学生愿意将许多时间投入到体育运动、公益活动以及社会实践活动中去，与高等院校的招生政策也密不可分，大学的指挥棒作用对高中教育的影响在这里同样十分巨大。

美国著名大学所录用的大学生必须参加过志愿活动。在弗吉尼亚州，学生要想拿到高中毕业文凭，必须具有60个小时以上的社会公益服务时间。[1]而且，教育部门对学生所服务的机构有明确的规定，必须是没有宗教色彩的非营利组织，这些机构包括公共图书馆、博物馆、退伍军人医院、老年人服务中心、儿童保护服务机构、无家可归者庇护场所等。

再比如，美国大学录取过程中比较重要的一项是考察申请者的领导能力，而参与运动并在运动队中担任队长是展现此能力的一个最有力证据。因为体育竞技就是要赢得胜利，只有经历无数次的失败似乎才有可能成功，而精华之处是要战胜自我，这些特质和领导者十分相近。更重要的是，体育可以

1　参考：http://www.henrico.k12.va.us，*PLANNING GUIDE for Students and Parents*，*2013–2014*，HENRICO COUNTY PUBLIC SCHOOLS.

让孩子学习如何与人合作，培养孩子的责任感和团队精神。因为任何一项竞技运动都是在一定的规则下才能展示出高低强弱，体育比赛要遵守规则，任何人必须在公正的标准下平等地竞争。因此高校更注重团队类的体育运动。所以体育运动不是单纯的强身健体，而是让孩子在学习体育技能的同时学习体育精神。

四

美国断铅笔制作组（拍摄纪录片《200万分钟：一次跨国考察》的项目组。所谓200万分钟，大体上是美国高中生4年中的在校学习时间）曾历时近20个月，跟踪对比拍摄美国、中国和印度各2位、共计6位高中生的学习和生活，探讨3个国家高中生的学习状态以及教育观念上的差异。各国学生对这200万分钟的时间分配很不相同。[1]

纪录片中，美国孩子常常活跃于社会实践的舞台，在帮助他人的过程中实现自己的价值。女生布劳尼热衷社会公益工作，她的学习动力除了不希望辜负父母的期望，更重要的是希望靠自己的能力帮助别人，因为“我对医药感兴趣，因为我想帮助别人，感觉很有成就感，得以拯救生命”。[2]

中国的孩子坚守着家与学校的两点一线，美好的青春时光被无数的课程、作业填满，以纪录片的资料来看，中国的孩子似乎迷失了他们人生的目标。中国高中男生说：“我真的没有远大的理想，因为我不敢有远大的理想。”因为升入初中以后作业一下子增多了，他要想尽一切办法做作业，有时

1 参考：Robert A. Compton，2 Million Minutes：A Documentary Calculating the Educational Divide，http://www.2mminutes.com/

2 同上。

候要做到爸妈都睡觉之后。这个纪录片的拍摄缘起于中国、印度的经济崛起让美国人充满危机感，教育界人士担心美国学生很快会被中国和印度孩子超过，在全球竞争中如何在未来继续保持领先是他们对教育的主要反思，美国人认为该片为美国的教育敲响了警钟。

而在我看来，美国通过高中阶段赢得教育优势的答案也在这200万分钟中。美国的基础教育依靠高中4年赢得了竞争优势，并在高等教育中持续保持并将优势逐步扩大。从宏观层面看，美国的4年高中教育如同一部巨大的淘金机器，不断地在泥沙中找到金子。而对于美国学生个体来说，高中生活也是一场人生的炼狱之旅，经过千锤百炼才最终闪闪发光。这些锤炼不单来自学术的考验，更重要的是各项活动对身心的挑战。4年过后，那些能通过“淘金机器”考验的学生将会在未来的人生舞台持续闪光。因此我认为，虽然在两次的PISA测试中中国上海学生已遥遥领先，美国教育在未来仍然能保持巨大优势，这些优势来自美国学生规范的学术素养、高度自信、创新精神以及对社会责任的担当。正是在高中的关键4年中，美国学生的这些人格特征得到培养和强化，使之成为美国教育的核心竞争优势，并得以在高等教育中开花结果。

正如纪录片中查里·沃里曼（哈佛大学经济学家）所说：“在这场比赛中，我们不应觉得中国有60万工程师毕业，我们只有6万，我们一定会失去比较优势，不再处于领先位置。不是这样的。要看我们的6万工程师有多强，能为企业创造多大价值，也看中国、印度工程师的待遇能否尽快改善，从而产生大量优秀人才。”[1]

1　参考：Robert A. Compton，2 Million Minutes：A Documentary Calculating the Educational Divide，http://www.2mminutes.com/

【跋】

别人家的妈妈

自我有记忆以来，我们家的“你看别人家那××”也没少说过，三人之间你来一句，我往一句。这时要是谁能来一句：“你看别人家那××，从来不和别人家比。”那就能显出一个家庭的超脱了。但是人性当中好像总有和他人比较的欲望，即使父母是以嵇康诗句“越名教而任自然”给我命名，我们一家也如千千万万家一样不能脱俗。

每个妈妈心里都有别人家的孩子。

其实，每个孩子心中也都有别人家的妈妈。

比如，我的那些至今未曾逃脱在记忆之外的话。

“妈妈，你怎么不涂口红啊？”

“妈妈，你怎么不喷香水、不戴耳环啊？”

“妈妈，你看x、y、z的妈妈身材多好，那么温柔，他家又住那么大的房子……”

以及××的妈妈做的饭那么好吃，××的妈妈做的手工那么漂亮……

记得当时说起这些来，老妈表情好像也很泰然自若，不把这些话当回事儿。

现在，不难猜测老妈当时心里的感叹：即使在孩子面前，保留自己自然的一面是多么的困难啊！

不过，这么多年来我对妈妈的“控诉”，老妈是不和我计较的。在学校里受了委屈时，第一个电话总是打给老妈。她总是在电话那端倾听。这是普世的：父母对孩子的爱，超越理智。

我也和普天下所有的平凡小孩子一样，没少让父母操心。老爸，每半年陪我去五官科医院看眼睛；老妈，每个月带我去矫正牙齿。每天晚上陪我练琴的是老爸，每天早上提前起来做早饭的是老妈。

不过我很早就知道自己是个很独特的小孩。很小的时候被吩咐去矫正弱视，听见前前后后的家长和孩子说：“都近视眼了！回去以后不允许看电视！”轮到我时，医生反复叮嘱：“要多看电视，穿珠子！”让老爸老妈哭笑不得。原来我虽然能看得清天上的飞机，但我是远视眼，从5岁起就开始戴老年人才戴的老花镜。

我也是个很幸运的孩子。上学后，我掌握起知识点来好像也比别人慢，需要自己慢慢琢磨才能想通。到初中以后成绩才慢慢好起来。老爸老妈却吩咐我，不能只考第一名，有本事要第一到第十五名都考一遍。老爸老妈平和的心态让我的童年充满了乐趣，他们教会我自觉地学习，自律地生活。他们带着我走出国门，也陪我聊蒙恬、歌德……

时间一晃而过，无数平凡的瞬间里，沉淀了我的多少浮躁、迷茫。直到有一天自己发现，在这简单平常的岁月里，我仿佛长大。就像只有登山到高处后，才会发现脚下的石头、身后的树木累积起来，组成了自己所经历的真实世界。

而内心的追求带着我走向更高处。离开家上学后，老妈不再过问我的日程，老爸不再唠叨要我练琴。我也在探索新的世界时有了自己的独特想法。

是老爸老妈教会我自力更生，叮嘱我走向更高境界。

我家的妈妈，不是“上得了厅堂，下得了厨房”的完美类型。她是那个靠自己走出偏僻小城、跨向世界的探险家。现在，已经读大学的我，每当舞会前，涂上口红，戴上耳环，喷上香水，自己走出寝室的那一刻，会经常想起，是那个无所畏惧的女人，给了我现在的一切。

谢谢你，妈妈。

虫虫

2018年春

于波士顿

【后记】

这本书，是关于养育一个平凡小孩的育儿素描。我试图用平实的语言，记录二十年来育儿过程中的诸多事件、场景、情绪、反思……看似零散的各种育儿情境，其实是按照知、情、意、行四个主题精心安排的。

在知识篇，以“常识”为主题，介绍了诸多有关家庭教育的知识、观点、视野，及思维模式；在情感篇，以“谦卑”为底色，描摹了有关育儿过程中的情绪、心态、信任，以及亲子关系；在意识篇，以“静候”为基调，探讨了有关孩子的品格、自尊、兴趣、自由，以及保持童心；在行动篇，以“引领”为线索，思考了有关为人父母的反省、榜样、修炼，以及如何放飞。

为了让家长了解当前教育国际化的趋势，书中还专门辟有生活在“别处”一篇，记叙了有关美国中小学教育的见闻、考察、优势，以及警醒。

在行文风格上，也没有采用理论性书籍的写法，而是用生活化的语言，向读者分享一个个育儿过程中的真实案例。宛如一个邻家妈妈娓娓道来，诉说二十年来自己的育儿困惑、无奈，以及惊喜、欢愉，引起为人父母的共鸣。

但本书并不止于叙事，而是试图通过事例，深入浅出地解释家庭教育中的一些普遍的原则和方法，以情境浸润的方式引发家长的思考。以期帮助父母去寻找那把属于自己的育儿金钥匙，体会到家庭教育中蕴含的人生智慧。

距离出版社的邀约，已经过去了7年。如今总算收尾，自己也不禁长舒一口气。

首先要感谢的是中国妇女出版社的廖晶晶女士和应莹女士。不算厚重的一本家庭教育书，居然要经年累月。七年之间，她们没有一句抱怨。当我终于交稿时，她们看完初稿只说了一句：“七年的等待，是值得的。”让我顿释重负。谢谢她们的宽容以及耐心，使本书得以面世。

其次，要谢谢这些年来为我编辑过相关稿件的编辑朋友，书中的部分章节，曾零散地在《莫愁》《家庭教育》《中国德育》《教育发展研究》等杂志发表。之前也为他们的修改要求焦虑过，但现在都化为满满的感谢。

最后，要谢谢和我一起陪孩子长大的老师们，包括市府机关幼儿园的老师，高安路第一小学的老师，上海五十四中学的老师。还有孩子在美国的小学和高中的老师们。谢谢老师们对孩子的包容和关爱。家庭教育确实很重要，可若是没有老师和家长的互相尊重，没有家校之间的良好互动，育人怕也只是空中楼阁。

当然，还要感谢的是本书中被描述的主角——我的女儿，以及和我一起抚育她长大的，我的先生。一路走来，我们仨，互相成全，互为臂膀。到如今，感觉人生最温暖的时刻，仍然是三人在一起的时光。

王芳

2018年冬月